Illustrazione Grafica Extra: www.freepik.com
Grazie a Alekksall, Starline, Pch.vector, Rawpixel.com, Vectorpocket, Dgim-studio, Upklyak, Macrovector, Stockgiu, Pikisuperstar & Freepik.com Designers

Scoprire i Giochi Gratuiti Online

Disponibile Qui:

BestActivityBooks.com/FREEGAMES

5 CONSIGLI PER INIZIARE

1) COME RISOLVERE LE PAROLE INTRECCIATTE

I puzzle hanno un formato classico:

- Le parole sono nascoste senza spazi o trattini,...
- Orientamento: Le parole possono essere scritte in avanti, indietro, verso l'alto, verso il basso o in diagonale (possono essere invertite).
- Le parole possono sovrapporsi o intersecarsi.

2) APPRENDIMENTO ATTIVO

Accanto ad ogni parola c'è uno spazio per scrivere la tracuzione. Per incoraggiare l'apprendimento attivo, un **DIZIONARIO** alla f r e di questa edizione vi permetterà di controllare e ampliare le vostre conoscenze. Cerca e scrivi le traduzioni, trovale nel puzzle e aggiungile al tuo vocabolario!

3) SEGNARE LE PAROLE

Puoi inventare il tuo sistema di segni. Forse ne usi già uno? Per esempio, puoi segnare le parole difficili da trovare con una croce, le parole preferite con una stella, le parole nuove con un triangolo, le parole rare con un diamante, e così via.

4) STRUTTURARE L'APPRENDIMENTO

Questa edizione offre un **TACCUINO** alla fine del libro. In vacanza, in viaggio o a casa, puoi organizzare facilmente le tue nuove conoscenze senza bisogno di un secondo quaderno!

5) AVETE FINITO TUTTE LE GRIGLIE?

Nelle ultime pagine di questo libro, nella sezione della **SFIDA FINALE**, troverete un gioco gratuito!

Facile e veloce! Dai un'occhiata alla nostra collezione di libri di attività per il tuo prossimo momento di divertimento e **apprendimento,** a portata di clic!

Trova la tua prossima sfida su:

BestActivityBooks.com/MioProssimoLibro

Ai vostri posti, pronti...Via!

Sapevi che ci sono circa 7.000 lingue diverse nel mondo? Le parole sono preziose.

Amiamo le lingue e abbiamo lavorato duramente per creare libri di altissima qualità. I nostri ingredienti?

Una selezione di argomenti adatti all'apprendimento, tre buone porzioni di intrattenimento, una cucchiaiata di parole difficili e una spolverata di parole rare. Li serviamo con amore e entusiasmo in modo che tu possa risolvere i migliori giochi di parole e divertirti imparando!

La vostra opinione è essenziale. Puoi partecipare attivamente al successo di questo libro lasciandoci un commento. Ci piacerebbe sapere cosa ti è piaciuto di più di questa edizione.

Ecco un link veloce alla pagina dell'ordine:

BestBooksActivity.com/Recensione50

Grazie per il vostro aiuto e buon divertimento!

Tutta la squadra

1 - Scacchi

S	B	Z	W	O	E	X	U	K	O	T	N	O	P
F	Z	Z	H	K	O	S	Y	I	L	L	V	V	D
E	T	A	Z	O	D	L	Á	R	É	H	E	F	Y
K	I	N	B	S	K	É	T	Á	J	N	Z	M	A
E	G	R	K	Á	T	V	P	L	A	Z	A	I	S
T	U	O	K	X	L	R	S	Y	L	Á	R	I	K
E	M	T	W	P	J	Y	O	N	L	B	V	N	P
J	Á	T	É	K	O	S	O	Ő	D	I	E	L	A
K	K	Á	T	L	Ó	S	D	K	L	B	R	U	S
K	I	H	Í	V	Á	S	O	K	D	A	S	N	S
S	T	R	A	T	É	G	I	A	P	J	E	A	Z
S	E	L	L	E	N	F	É	L	M	N	N	T	Í
V	M	F	G	S	F	E	B	Z	E	O	Y	V	V
S	F	X	D	A	N	L	A	F	R	K	D	B	C

ELLENFÉL

FEHÉR

BAJNOK

VERSENY

ÁTLÓS

JÁTÉKOS

JÁTÉK

OKOS

FEKETE

PASSZÍV

TANULNI

PONTOK

KIRÁLY

KIRÁLYNŐ

SZABÁLYOK

ÁLDOZAT

KIHÍVÁSOK

STRATÉGIA

IDŐ

TORNA

2 - Salute e Benessere #2

```
K  B  E  T  E  G  S  É  G  N  G  T  G  B
F  Ó  E  G  É  S  Z  S  É  G  E  S  U  U
E  H  R  E  N  E  R  G  I  A  X  X  M  W
R  J  P  H  M  A  S  S  Z  Á  Z  S  S  F
T  G  Y  G  Á  V  T  É  Y  S  I  M  F  O
Ő  A  E  S  Á  Z  O  K  L  Á  L  P  Á  T
Z  N  W  N  T  E  S  T  Ú  D  A  V  É  R
É  A  M  B  E  F  E  W  S  A  I  P  C  N
S  T  S  X  K  T  U  L  I  R  N  É  T  I
X  Ó  C  J  D  G  I  D  M  Á  É  N  T  M
P  M  X  N  F  D  Z  K  I  Z  I  A  T  A
A  I  G  R  E  L  L  A  A  S  G  R  N  T
E  A  K  A  L  Ó  R  I  A  I  I  B  R  I
E  M  É  S  Z  T  É  S  N  K  H  Y  B  V
```

ALLERGIA
ANATÓMIA
ÉTVÁGY
KALÓRIA
TEST
DIÉTA
EMÉSZTÉS
KISZÁRADÁS
ENERGIA
GENETIKA

HIGIÉNIA
FERTŐZÉS
BETEGSÉG
MASSZÁZS
TÁPLÁLKOZÁS
KÓRHÁZ
SÚLY
VÉR
EGÉSZSÉGES
VITAMIN

3 - Aggettivi #2

```
Ú  L  N  A  T  Z  Z  E  A  P  S  É  U  T
J  M  O  P  I  K  L  I  P  L  Z  R  D  E
D  X  R  L  S  J  R  I  Z  Z  Á  D  É  R
Z  F  M  H  Z  Z  T  E  F  C  R  E  D  M
T  A  Á  W  T  A  W  V  A  Z  A  K  E  É
E  S  L  D  A  E  I  L  O  T  Z  E  S  S
R  Ő  N  R  N  H  E  X  V  X  Í  S  N  Z
M  R  H  Á  H  É  H  E  S  E  U  V  U  E
E  E  L  M  G  J  L  M  Ó  R  Í  E  L  T
L  K  X  A  L  E  K  Z  S  Ü  B  U  A  E
Ő  R  Z  I  G  F  L  P  N  I  G  V  J  S
F  E  L  E  L  Ő  S  E  R  Í  H  M  G  U
H  I  T  E  L  E  S  Z  B  R  C  R  X  R
E  G  É  S  Z  S  É  G  E  S  X  P  D  J
```

ÉHES	ÉRDEKES
SZÁRAZ	TERMÉSZETES
HITELES	NORMÁL
KREATÍV	ÚJ
LEÍRÓ	BÜSZKE
ÉDES	TERMELŐ
DRÁMAI	TISZTA
ELEGÁNS	FELELŐS
HÍRES	SÓS
ERŐS	EGÉSZSÉGES

4 - Ingegneria

```
S  T  A  B  I  L  I  T  Á  S  M  M  E  W
D  E  L  O  S  Z  L  Á  S  K  O  É  A  I
M  I  D  H  F  O  R  G  Á  S  T  L  P  E
E  E  A  Í  R  F  V  M  G  X  O  Y  X  W
G  Z  W  G  Z  F  H  G  H  U  R  S  Y  K
H  F  N  Ő  R  E  H  É  S  O  A  É  D  É
A  A  K  B  R  A  L  P  A  D  Ő  G  M  D
J  R  L  J  N  P  M  E  N  E  R  G  I  A
T  E  Z  E  K  R  E  Z  S  X  É  J  L  Y
Á  E  R  T  E  N  G  E  L  Y  M  R  T  L
S  M  É  R  É  S  H  Ö  P  K  T  J  W  O
É  P  Í  T  É  S  I  E  Z  U  Á  L  Y  F
S  Z  Á  M  Í  T  Á  S  T  S  V  G  Z  J
F  O  G  A  S  K  E  R  E  K  E  K  M  X
```

SZÖG
TENGELY
SZÁMÍTÁS
ÉPÍTÉS
DIAGRAM
ÁTMÉRŐ
DÍZEL
ELOSZLÁS
ENERGIA
ERŐ

FOGASKEREKEK
FOLYADÉK
GÉP
MÉRÉS
MOTOR
MÉLYSÉG
MEGHAJTÁS
FORGÁS
STABILITÁS
SZERKEZET

5 - Archeologia

```
S  É  E  C  K  H  R  P  E  S  B  B  S  C
E  R  L  I  O  R  E  R  R  K  Í  M  L  S
P  T  E  V  R  A  J  O  E  O  R  R  L  A
F  É  M  I  S  M  T  F  K  M  O  S  H  P
O  K  Z  L  Z  A  É  É  L  U  K  Z  I  A
S  E  É  I  A  B  L  S  Y  T  Ó  A  S  T
S  L  S  Z  K  H  Y  S  E  K  T  K  M  D
Z  É  I  Á  Ő  L  Y  Z  R  E  A  É  E  H
I  S  A  C  P  S  Y  O  P  J  T  R  R  G
L  I  Z  I  M  G  I  R  Z  B  U  T  E  T
I  L  X  Ó  C  S  O  N  T  O  K  Ő  T  B
S  E  L  F  E  L  E  J  T  E  T  T  L  M
L  E  S  Z  Á  R  M  A  Z  O  T  T  E  D
T  E  M  P  L  O  M  H  N  P  T  E  N  X
```

ELEMZÉS	OBJEKTUMOK
ÓKOR	CSONTOK
ŐSI	PROFESSZOR
CIVILIZÁCIÓ	EREKLYE
ELFELEJTETT	KUTATÓ
LESZÁRMAZOTT	ISMERETLEN
KORSZAK	CSAPAT
SZAKÉRTŐ	TEMPLOM
FOSSZILIS	SÍR
REJTÉLY	ÉRTÉKELÉS

6 - Salute e Benessere #1

```
K O M Z I T S F C K K W F Z
I H R Á T R E Z S Y G Ó Y G
K O K O M U I R É T K A B K
A R D A K T Í V Á D D W S E
P M T S O K W V O P Z R Z Z
C O E B X X Í O D I A O E
S N S É R Ö T R Z T G A K L
O O T K B Y F U I Z K E Á É
L K T M Ő P V S H I V F S S
Ó H A L R Y B Y R E F L E X
D R R I D E G E K O R V O S
Á V T O R V O S S Á G T A R
S G Á S S A G A M D X M X F
G É S H É K L I N I K A M H
```

SZOKÁS	IZMOK
MAGASSÁG	IDEGEK
AKTÍV	HORMONOK
BAKTÉRIUMOK	BŐR
KLINIKA	TESTTARTÁS
ÉHSÉG	REFLEX
GYÓGYSZERTÁR	KIKAPCSOLÓDÁS
TÖRÉS	TERÁPIA
ORVOSSÁG	KEZELÉS
ORVOS	VÍRUS

7 - Aggettivi #1

```
E  G  Z  O  T  I  K  U  S  A  F  Ű  T  F
T  V  É  W  N  Ú  X  R  C  Z  I  K  Ö  O
N  É  H  S  P  E  L  U  J  O  A  L  K  N
I  K  E  L  X  U  V  O  B  N  T  E  É  T
Z  O  N  R  E  D  O  M  Z  O  A  L  L  O
S  N  K  A  A  Y  H  B  M  S  L  Y  E  S
Ő  Y  C  R  H  A  Z  S  F  I  B  G  T  N
A  R  O  M  Á  S  N  P  N  Z  Z  A  E  A
A  Y  H  Z  S  Ó  R  I  Á  S  I  N  S  G
G  K  X  O  L  A  S  S  Ú  É  M  D  Z  Y
E  I  T  A  S  V  L  E  C  V  I  W  R  G
N  A  A  Í  H  S  C  R  F  Ű  E  O  V  N
O  M  A  P  V  L  Z  Z  Z  M  B  Z  K  I
É  R  T  É  K  E  S  Ú  V  O  X  E  P  X
```

AROMÁS	FONTOS
MŰVÉSZI	LASSÚ
ABSZOLÚT	HOSSZÚ
AKTÍV	MODERN
ÓRIÁSI	ŐSZINTE
EGZOTIKUS	TÖKÉLETES
NAGYLELKŰ	NEHÉZ
FIATAL	ÉRTÉKES
NAGY	VÉKONY
AZONOS	

8 - Geologia

```
E  G  F  R  É  T  E  G  M  F  I  K  H  V
I  R  E  E  W  B  P  Z  U  O  S  R  V  O
M  S  Ó  J  N  N  R  X  I  S  Z  I  U  B
A  N  Ó  Z  Z  N  K  S  C  S  T  S  L  G
J  S  Ó  A  I  Í  S  O  L  Z  A  T  K  F
A  É  O  U  N  Ó  R  Í  A  I  L  Á  Á  S
K  G  F  L  T  I  N  Ő  K  L  A  L  N  I
G  N  A  L  R  A  B  K  D  I  G  Y  P  L
R  E  S  A  V  V  P  P  Y  S  M  O  I  U
B  R  C  R  Z  Á  P  P  S  L  I  K  D  P
V  D  R  O  M  L  J  E  B  A  T  S  G  C
K  L  A  K  P  A  B  S  Z  S  O  J  O  X
E  Ö  V  O  L  C  N  C  J  F  K  E  S  H
X  F  K  O  N  T  I  N  E  N  S  M  V  R
```

SAV	LÁVA
FENNSÍK	KŐ
KALCIUM	KVARC
BARLANG	SÓ
KONTINENS	SZTALAGMITOK
KORALL	CSEPPKŐ
KRISTÁLYOK	RÉTEG
ERÓZIÓ	FÖLDRENGÉS
FOSSZILIS	VULKÁN
GEJZÍR	ZÓNA

9 - Campeggio

```
Z  X  S  B  F  P  L  N  Z  V  M  I  C  B
L  E  Á  Y  O  T  E  Z  S  É  M  R  E  T
H  U  T  C  K  T  V  Ű  S  G  G  Á  K  P
S  Z  O  M  L  O  X  T  W  X  Ó  N  I  F
K  P  R  O  S  P  É  K  R  É  T  Y  N  V
P  A  R  O  V  A  R  O  A  P  O  T  Z  A
J  L  B  W  H  M  C  F  S  L  K  Ű  M  D
G  A  R  I  E  R  D  Ő  J  K  A  A  Z  Á
Y  K  G  U  N  T  O  L  F  Ö  K  N  F  S
J  F  Á  L  L  A  T  O  K  T  E  K  D  Z
Y  G  Á  Ő  G  G  Ü  F  B  É  N  F  L  A
F  L  I  K  D  S  J  Z  O  L  U  H  O  T
K  D  U  W  A  I  C  C  L  Y  G  E  H  A
M  Ó  K  A  O  M  N  T  U  R  O  H  V  J
```

FÁK	MÓKA
FÜGGŐÁGY	ERDŐ
ÁLLATOK	TŰZ
KALAND	ROVAR
IRÁNYTŰ	TÓ
KABIN	HOLD
VADÁSZAT	TÉRKÉP
KENU	HEGY
KALAP	TERMÉSZET
KÖTÉL	SÁTOR

10 - Arti Visive

```
M  N  J  A  T  L  F  S  J  D  K  L  É  Ö
S  Ű  J  Z  O  A  A  T  O  S  E  F  P  S
P  Z  V  G  L  K  S  E  H  N  R  E  Í  S
D  S  O  É  L  K  Z  N  Z  J  Á  S  T  Z
E  Z  P  B  S  C  É  C  O  D  M  T  É  E
T  S  B  F  O  Z  N  I  R  D  I  Ő  S  T
V  I  A  S  Z  R  D  L  B  E  A  Á  Z  É
K  R  E  A  T  I  V  I  T  Á  S  L  E  T
A  G  Y  A  G  L  O  R  E  P  O  L  T  E
Z  L  A  O  T  V  B  D  M  J  E  V  D  L
U  W  S  F  R  É  R  T  R  O  P  Á  N  F
R  B  H  I  X  O  R  P  É  K  Y  N  É  F
E  J  Z  L  F  F  V  K  W  R  Z  Y  S  W
C  R  Ű  M  R  E  T  S  E  M  M  N  N  W
```

ÉPÍTÉSZET
AGYAG
MŰVÉSZ
MESTERMŰ
FASZÉN
FESTŐÁLLVÁNY
VIASZ
KERÁMIA
ÖSSZETÉTEL
KREATIVITÁS

FILM
FÉNYKÉP
KRÉTA
CERUZA
TOLL
PORTRÉ
SZOBOR
STENCIL
LAKK

11 - Tempo

```
H É T B I F D Y H A H N P I
P Ó R A M É J S Z A K A A K
C E H Ó N A P I D H K P Z P
H S R E Á H I W K S M L D N
I B I C T T Ő L E R L O D N
L P E Z U I V É T E G N A P
R K I R H I Ö D O H J W Z E
É U N L N D J I N A N W Á F
V É L X L É V E S M A S Z B
T B N W G A K X K A P F S X
I O R E F H N A W R T P J Z
Z H L O G S L A L E Á R D M
E T V G C L W R T G R G D C
D R E G G E L K K K O K X B
```

ÉV	DÉL
ÉVES	PERC
NAPTÁR	PILLANAT
ÉVTIZED	ÉJSZAKA
UTÁN	MA
JÖVŐ	ÓRA
NAP	HAMAR
TEGNAP	ELŐTT
REGGEL	SZÁZAD
HÓNAP	HÉT

12 - Astronomia

```
N  F  Ö  L  D  E  N  R  G  Á  H  A  U  S
W  Ó  G  Y  L  O  B  A  A  L  J  S  N  Z
T  É  J  V  O  T  T  K  L  L  V  Z  I  U
N  I  G  X  H  J  K  É  A  A  V  T  V  P
D  T  U  W  D  O  D  T  X  T  J  E  E  E
S  Ó  J  A  H  R  Ű  A  I  Ö  W  R  R  R
Á  M  I  M  J  D  V  G  S  V  X  O  Z  N
Z  C  S  I  L  L  A  G  K  É  P  I  U  Ó
R  O  E  T  E  M  X  G  T  É  X  D  M  V
Á  K  Ö  D  F  O  L  T  G  Á  G  A  W  A
G  R  A  V  I  T  Á  C  I  Ó  V  I  P  N
U  C  S  I  L  L  A  G  Á  S  Z  C  J  V
S  S  K  O  Z  M  O  S  Z  K  B  F  S  C
V  K  O  V  U  W  N  S  R  F  G  J  L  Ő
```

ASZTEROIDA	METEOR
ŰRHAJÓS	KÖDFOLT
CSILLAGÁSZ	BOLYGÓ
ÉGI	SUGÁRZÁS
ÉG	RAKÉTA
KOZMOSZ	SZUPERNÓVA
CSILLAGKÉP	TÁVCSŐ
GALAXIS	FÖLD
GRAVITÁCIÓ	UNIVERZUM
HOLD	ÁLLATÖV

13 - Circo

```
Z W N D L L T C U J C F G R
T E N Y B Á R J W E Ó P R T
I G N G Ű T Ü A L L H T C L
G T O E V V K I U M O J A M
R W L J É Á K G Ő E B B E P
I Ő T R S N N Á L Z S O R O
S A L U Z Y L M O C É L B Á
O C G G W O E L E F Á N T L
U M U J N S B P A R Á D É L
J A T A B O R K A M B U J A
S Á T O R E S J V T S S B T
T O B A S T L Z D G H F P O
C U K O R K A R U I S J K K
P W L É G G Ö M B Ö K G B K
```

AKROBATA	BŰVÉSZ
ÁLLATOK	ZENE
JEGY	LÉGGÖMBÖK
CUKORKA	PARÁDÉ
BOHÓC	MAJOM
JELMEZ	LÁTVÁNYOS
ELEFÁNT	NÉZŐ
ZSONGLŐR	SÁTOR
OROSZLÁN	TIGRIS
MÁGIA	TRÜKK

14 - Algebra

```
K  P  R  O  B  L  É  M  A  K  U  S  J  U
I  V  J  T  K  S  X  N  I  É  M  É  U  B
V  É  W  F  É  W  D  L  F  P  M  T  H  E
O  G  V  C  D  N  N  J  Y  L  Á  Í  W  L
N  T  Á  X  E  X  Y  U  G  E  Z  S  S  Ö
Á  E  L  M  R  T  O  E  L  T  S  Ű  H  R
S  L  T  A  Ö  O  W  K  Z  L  B  R  L  K
Z  E  O  R  T  M  D  S  E  Ő  A  E  I  I
Á  N  Z  G  R  A  F  I  K  O  N  Z  N  T
R  Z  Ó  A  K  G  F  M  B  Y  K  S  E  E
Ó  A  N  I  E  B  X  A  G  X  O  Y  Á  V
J  W  R  D  Z  J  J  H  S  O  G  G  R  Ő
E  X  I  B  T  E  L  N  E  Y  G  E  I  U
L  N  M  Á  T  R  I  X  B  F  T  L  S  T
```

DIAGRAM
EGYENLET
KITEVŐ
HAMIS
TÉNYEZŐ
KÉPLET
TÖREDÉK
GRAFIKON
VÉGTELEN
LINEÁRIS

MÁTRIX
SZÁM
ZÁRÓJEL
PROBLÉMA
EGYSZERŰSÍTÉS
ÖSSZEG
KIVONÁS
VÁLTOZÓ
NULLA

15 - Mitologia

```
T  M  N  O  V  B  O  S  S  Z  Ú  Z  E  U
E  E  H  T  D  C  M  U  I  H  A  P  N  L
R  N  Ő  L  A  B  I  R  I  N  T  U  S
E  N  M  J  S  T  E  R  E  M  T  É  S  V
M  Y  V  I  S  E  L  K  E  D  É  S  I  P
T  D  T  Z  G  V  I  L  L  Á  M  I  V  T
M  Ö  H  I  E  D  E  L  M  E  K  E  A  E
É  R  I  S  T  E  N  S  É  G  E  K  N  R
N  G  K  A  T  A  S  Z  T  R  Ó  F  A  Ő
Y  É  F  É  L  T  É  K  E  N  Y  S  É  G
H  S  O  C  R  A  H  K  U  L  T  Ú  R  A
L  E  G  E  N  D  A  S  Z  Ö  R  N  Y  H
H  A  L  A  N  D  Ó  M  Á  G  I  K  U  S
A  R  C  H  E  T  Í  P  U  S  K  U  N  P
```

ARCHETÍPUS
VISELKEDÉS
TEREMTMÉNY
TEREMTÉS
HIEDELMEK
KULTÚRA
KATASZTRÓFA
ISTENSÉGEK
HŐS
ERŐ

VILLÁM
FÉLTÉKENYSÉG
HARCOS
LABIRINTUS
LEGENDA
MÁGIKUS
HALANDÓ
SZÖRNY
MENNYDÖRGÉS
BOSSZÚ

16 - Piante

```
V  J  R  G  Y  Ö  K  É  R  G  L  H  B  C
E  I  W  H  U  B  T  A  Z  O  B  M  O  L
D  R  R  T  I  O  R  H  S  U  A  O  R  V
J  M  D  Á  V  T  E  O  U  A  B  R  O  Z
O  F  R  Ő  G  A  K  M  T  C  R  I  S  U
K  F  N  N  J  N  T  X  K  W  C  Z  T  F
U  E  Y  H  T  I  U  D  A  V  S  S  Y  A
A  Y  L  P  L  K  H  L  K  Y  L  S  Á  S
R  N  A  S  F  A  B  O  R  J  G  B  N  X
B  O  K  O  R  F  B  E  B  W  E  Á  A  J
N  Ö  V  É  N  Y  Z  E  T  V  H  D  R  H
B  O  G  Y  Ó  H  W  P  D  A  R  S  A  T
E  B  A  M  B  U  S  Z  D  J  Z  I  I  D
N  Ö  V  É  N  Y  V  I  L  Á  G  F  Ű  M
```

FA	TRÁGYA
BOGYÓ	VIRÁG
BAMBUSZ	NÖVÉNYVILÁG
BOTANIKA	LOMBOZAT
KAKTUSZ	ERDŐ
BOKOR	KERT
NŐ	MOHA
BOROSTYÁN	SZIROM
FŰ	GYÖKÉR
BAB	NÖVÉNYZET

17 - Spezie

```
F A E B S R L A M U K R U K
S Z I N Á P C B W V G I Y O
H Z X T X V D W P D F V O R
A V E É D E S K Ö M É N Y I
G G S R A M Y G A H K O F A
Y T E Á E C U R R Y E X K N
M J D S F C U W G P S K A D
A É É P T R S T M S E Ö R E
C H W C Y C Á E G K R M D R
P A P R I K A N N N Ű É A L
P F B O R S E G Y D K N M C
V A N Í L I A S R J I Y O N
É D E S G Y Ö K É R J Ó M A
M M M G Y Ö M B É R H Z S V
```

FOKHAGYMA	ÉDES
KESERŰ	ÉDESKÖMÉNY
ÁNIZS	ÉDESGYÖKÉR
FAHÉJ	SZERECSENDIÓ
KARDAMOM	PAPRIKA
HAGYMA	BORS
KORIANDER	SÓ
KÖMÉNY	VANÍLIA
KURKUMA	SÁFRÁNY
CURRY	GYÖMBÉR

18 - Numeri

```
W  A  S  T  A  H  P  P  L  J  W  T  Ö  T
U  B  R  É  I  E  I  O  V  F  N  I  G  I
W  W  K  H  X  Z  C  X  S  H  V  Z  K  Z
T  H  Ú  S  Z  Y  E  T  Í  Z  A  E  I  E
Ö  I  N  U  L  L  A  N  X  Y  P  N  L  N
N  L  Z  A  M  O  R  Á  H  G  F  H  E  K
E  K  O  E  Y  E  A  K  E  É  X  A  N  E
Z  E  R  P  D  S  Z  O  B  N  T  T  C  T
I  E  K  J  S  E  S  K  Y  E  U  M  L  T
T  K  D  C  A  A  S  E  W  I  D  C  O  Ő
Z  H  P  H  K  B  F  T  X  Y  F  V  Y  C
W  E  M  P  I  B  J  T  P  S  H  E  N  B
U  U  O  C  C  R  V  Ő  E  C  L  W  V  R
T  I  Z  E  N  K  I  L  E  N  C  I  W  U
```

ÖT	NÉGY
TIZEDES	TIZENÖT
TIZENKILENC	TIZENHAT
TIZENHÉT	HAT
TÍZ	HÉT
TIZENKETTŐ	HÁROM
KETTŐ	HÚSZ
KILENC	NULLA
NYOLC	

19 - Cioccolato

```
Z  N  A  K  V  B  K  W  Z  L  E  Y  R  C
N  D  R  E  K  V  Ó  A  K  A  K  S  E  U
E  Í  O  S  C  E  T  E  L  J  B  N  C  K
É  Z  M  E  I  K  D  Z  Ő  Ó  Y  Á  E  O
C  D  A  R  H  A  F  V  V  R  R  D  P  R
U  C  E  Ű  S  R  I  E  E  I  O  I  T  K
K  N  G  S  Á  A  N  G  T  N  P  X  A  A
O  M  U  I  G  M  O  Z  E  N  C  O  X  S
R  L  A  M  R  E  M  O  Z  E  E  I  K  N
P  A  Y  F  Á  L  P  T  S  S  F  T  V  O
L  A  W  P  V  L  J  I  S  A  L  N  G  B
U  O  A  H  Ó  J  N  K  Ö  O  L  A  G  X
M  I  N  Ő  S  É  G  U  K  H  O  Z  U  F
G  G  N  Ó  I  D  Z  S  U  K  Ó  K  J  F
```

KESERŰ
ANTIOXIDÁNS
AROMA
SÓVÁRGÁS
KAKAÓ
KALÓRIA
CUKORKA
KARAMELL
FINOM
ÉDES

EGZOTIKUS
ÍZ
ÖSSZETEVŐ
ENNI
KÓKUSZDIÓ
POR
KEDVENC
MINŐSÉG
RECEPT
CUKOR

20 - Guida

```
L  P  Y  J  A  A  F  V  E  S  Z  É  L  Y
P  Y  I  S  G  I  O  M  M  J  L  V  Z  O
E  N  G  P  É  K  R  É  T  M  O  T  O  R
S  N  C  I  S  E  G  G  B  B  U  O  H  G
E  S  G  U  R  K  A  A  A  I  U  V  M  Y
B  K  R  E  Ő  É  L  R  L  Z  S  U  B  A
E  R  W  K  D  F  O  Á  E  T  W  N  N  L
S  C  A  R  N  É  M  Z  S  O  A  M  U  O
S  S  Y  K  E  S  L  S  E  N  Ú  C  J  G
É  I  Y  D  R  M  V  Y  T  S  Y  T  R  O
G  R  V  S  H  A  K  G  V  Á  V  A  W  S
U  A  L  A  G  Ú  T  P  Á  G  C  U  J  U
M  K  G  A  Y  N  A  M  E  Z  Ü  T  L  B
V  V  S  Z  Á  L  L  Í  T  Á  S  Ó  T  A
```

AUTÓ	GYALOGOS
BUSZ	VESZÉLY
ÜZEMANYAG	RENDŐRSÉG
FÉKEK	BIZTONSÁG
GARÁZS	ÚT
GÁZ	FORGALOM
BALESET	SZÁLLÍTÁS
ENGEDÉLY	ALAGÚT
TÉRKÉP	SEBESSÉG
MOTOR	

21 - I Media

```
F U H M H K K D E N I L N O
I T D H Á O E G Y Z V V Y S
N B X R L M R Y W Z L É I J
A M I R Ó M E F N U E L L U
N N T Á Z U S O R É H E V Ú
S D O D A N K T Z L T M Á J
Z I O I T I E Ó R C N É N S
Í G K Ó G K D K A U R N O Á
R I T B H Á E H P C P Y S G
O T A S I C L K I A D Á S O
Z Á T N K I M O I K K C J K
Á L Á D N Ó I N É Y G E P L
S I S L G H S Z E L L E M I
O S H I R D E T É S E K J C
```

KERESKEDELMI
KOMMUNIKÁCIÓ
DIGITÁLIS
KIADÁS
OKTATÁS
TÉNYEK
FINANSZÍROZÁS
FOTÓK
ÚJSÁGOK
EGYÉNI

IPAR
SZELLEMI
HELYI
ONLINE
VÉLEMÉNY
HIRDETÉSEK
NYILVÁNOS
RÁDIÓ
HÁLÓZAT

22 - Forza e Gravità

```
B  S  Ú  L  Y  L  E  G  N  E  T  K  H  S
F  T  Á  V  O  L  S  Á  G  A  J  A  A  Ú
F  E  L  F  E  D  E  Z  É  S  W  S  T  R
M  F  Y  M  E  C  H  A  N  I  K  A  Á  L
M  O  I  F  N  R  C  M  Y  M  S  T  S  Ó
B  X  Z  Z  J  X  K  T  K  L  F  N  Á  D
U  P  E  G  I  V  K  C  W  L  Á  O  M  Á
R  I  I  T  Á  K  Y  R  Y  E  F  P  O  S
U  V  N  S  Y  S  A  U  O  P  Z  Z  Y  P
E  G  Y  E  T  E  M  E  S  M  W  Ö  N  R
M  Á  G  N  E  S  E  S  S  É  G  K  L  K
T  U  L  A  J  D  O  N  S  Á  G  O  K  O
D  I  N  A  M  I  K  U  S  H  B  K  U  N
B  O  L  Y  G  Ó  K  E  I  D  Ő  O  F  A
```

TENGELY	MOZGÁS
SÚRLÓDÁS	PÁLYA
KÖZPONT	SÚLY
DINAMIKUS	BOLYGÓK
TÁVOLSÁG	NYOMÁS
FIZIKA	TULAJDONSÁGOK
HATÁS	FELFEDEZÉS
MÁGNESESSÉG	IDŐ
MECHANIKA	EGYETEMES

23 - Sport

```
X  S  U  K  I  L  O  B  A  T  E  M  R  I
L  R  I  B  O  W  É  Z  T  T  D  J  A  Z
D  X  I  B  T  C  G  C  É  K  L  P  L  M
M  Z  S  Á  T  R  A  T  I  K  R  É  Z  O
Y  U  V  T  G  E  Z  M  D  Ő  R  E  T  K
K  E  R  É  K  P  Á  R  O  Z  Á  S  L  A
U  N  C  S  O  N  T  O  K  D  O  X  G  T
S  P  R  O  G  R  A  M  X  E  L  R  É  E
M  A  X  I  M  A  L  I  Z  Á  L  Á  S  S
Ú  O  M  G  F  W  A  P  V  K  Z  E  S  T
H  S  Á  Z  O  K  L  Á  L  P  Á  T  E  R
S  V  Z  K  W  U  H  B  T  Á  N  C  P  O
U  A  A  N  E  G  É  S  Z  S  É  G  É  P
L  X  R  G  I  K  O  C  O  G  Á  S  K  S
```

EDZŐ
ATLÉTA
KÉPESSÉG
KERÉKPÁROZÁS
TEST
TÁNC
DIÉTA
ERŐ
KOCOGÁS
MAXIMALIZÁLÁS

METABOLIKUS
IZMOK
ÚSZNI
TÁPLÁLKOZÁS
CÉL
CSONTOK
PROGRAM
KITARTÁS
EGÉSZSÉG
SPORT

24 - Caffè

```
C T K P X A O U V K O R C H
F S A V A S Y U W R R E W C
O A É N K B A Y V É H G F N
L L C S V Í Z Í N M E G W J
Y O C M Z I D A R Á L E T B
A H U L Z E T E G C M L J L
D C K X E T Ő R Ű Z S M P Y
É Á O K G A X E F E K E T E
K R R G O M L D Z Y A C A H
A A T J A F K E I T A L L T
W M O E U Z F T L Ö K R Ö P
H O D T N Ű R E S E K L O X
N R H J A K J H I A R B A J
R A X V G Z O E J N N Z U U
```

SAVAS
VÍZ
KESERŰ
AROMA
PÖRKÖLT
ITAL
KOFFEIN
KRÉM
SZŰRŐ
ÍZ

TEJ
FOLYADÉK
DARÁL
REGGEL
FEKETE
EREDET
ÁR
CSÉSZE
FAJTA
CUKOR

25 - Uccelli

```
B  T  P  S  H  T  R  N  S  I  P  C  B  W
Y  X  S  B  M  A  L  A  G  K  A  S  G  G
U  O  I  O  O  D  K  X  G  A  P  I  T  C
H  A  T  T  Y  Ú  A  N  P  C  A  R  U  M
P  B  X  W  L  C  K  C  B  S  G  K  K  K
G  I  A  P  Ó  I  U  B  I  A  Á  E  Á  G
Ó  L  N  E  S  P  K  M  É  G  J  V  N  I
L  L  D  G  K  W  K  S  I  R  Á  L  Y  S
Y  F  Z  U  V  T  O  J  Á  S  E  F  F  T
A  N  Ó  G  N  I  M  A  L  F  F  V  B  R
T  V  V  J  I  L  N  Á  K  I  L  E  P  U
K  Y  S  S  B  S  K  P  Á  V  A  E  R  C
F  U  F  A  C  L  T  L  M  S  A  R  Y  C
Z  B  E  K  S  O  P  X  M  R  S  G  O  F
```

GÉM	PAPAGÁJ
KACSA	VERÉB
SAS	PÁVA
GÓLYA	PELIKÁN
HATTYÚ	GALAMB
KAKUKK	PINGVIN
SÓLYOM	CSIRKE
FLAMINGÓ	STRUCC
SIRÁLY	TUKÁN
LIBA	TOJÁS

26 - Giorni e Mesi

```
S Z E P T E M B E R V D X N
J Ú L I U S W N C T A E O O
N F Y Y J H Ó N A P S C K V
E A M O B Ú V H W P Á É T E
Ő L P V T V N T U E R M Ó M
F H L T É H N I O R N B B B
T E M T Á A E D U A A E E E
É Y B T V R G V C S P R R R
H A D R E Z S I L I R P Á P
S M D S U T Z S U G U A U É
Y E E U Y Á T P V L S M N N
W H K G E U R Z U B V D A T
S Z O M B A T F T F J T J E
É V C I X S M W R F J L W K
```

AUGUSZTUS
ÉV
ÁPRILIS
NAPTÁR
DECEMBER
VASÁRNAP
FEBRUÁR
JANUÁR
JÚNIUS
JÚLIUS

HÉTFŐ
KEDD
SZERDA
HÓNAP
NOVEMBER
OKTÓBER
SZOMBAT
SZEPTEMBER
HÉT
PÉNTEK

27 - Casa

```
X  K  W  K  X  M  L  P  A  S  C  K  G  U
F  Ö  M  T  E  T  Ő  Á  A  H  Y  N  O  K
A  N  E  S  E  P  R  Ű  M  D  R  C  S  U
L  Y  N  D  O  T  Ö  L  P  P  L  Z  F  T
B  V  N  E  X  E  K  P  I  I  A  Ó  F  F
O  T  Y  A  U  M  Ü  C  T  J  B  L  L  N
I  Á  E  K  M  O  T  U  F  J  O  L  I  O
S  R  Z  R  I  Y  N  A  H  U  Z  A  K  T
T  V  E  K  A  J  T  Ó  S  C  S  D  U  T
V  C  T  G  E  Y  N  Ő  Z  S  X  N  O  R
A  B  L  A  K  R  E  O  Á  E  P  A  Z  Y
O  G  W  Y  S  É  T  Í  R  E  K  K  K  J
P  A  D  L  Á  S  L  V  A  K  V  P  X  L
K  I  I  C  A  F  S  W  G  K  J  Z  H  A
```

PADLÁS	FAL
KÖNYVTÁR	PADLÓ
SZOBA	AJTÓ
KANDALLÓ	KERÍTÉS
KONYHA	CSAP
ZUHANY	SEPRŰ
ABLAK	MENNYEZET
GARÁZS	TÜKÖR
KERT	SZŐNYEG
LÁMPA	TETŐ

28 - Ristorante #1

```
R  T  G  W  K  C  M  A  A  O  É  H  F  C
O  D  S  I  E  F  I  P  Z  G  L  Á  T  S
M  A  H  Y  N  O  K  F  Y  N  E  S  P  I
D  E  W  B  Y  D  A  É  Z  X  L  X  P  R
V  L  N  P  É  M  V  O  S  W  M  Z  É  K
I  I  K  Ü  R  S  Z  Ó  S  Z  I  F  N  E
D  E  S  S  Z  E  R  T  Á  K  S  Ű  Z  L
W  D  E  G  A  Z  É  G  L  Á  Z  S  T  J
E  G  V  Y  B  T  Y  C  A  V  E  Z  Á  B
P  N  L  O  S  E  N  U  L  É  R  E  R  H
D  J  N  C  E  Z  Á  M  G  H  Z  R  O  Ú
O  R  D  I  T  H  T  I  O  T  X  E  S  S
A  L  L  E  R  G  I  A  F  Z  G  S  W  S
Ö  S  S  Z  E  T  E  V  Ő  K  Y  H  T  R
```

ALLERGIA
KÁVÉ
HÚS
PÉNZTÁROS
ÉLELMISZER
TÁL
KÉS
KONYHA
DESSZERT

ÖSSZETEVŐK
ENNI
MENÜ
KENYÉR
TÁNYÉR
FŰSZERES
CSIRKE
FOGLALÁS
SZÓSZ

29 - Fantascienza

```
B  M  U  S  M  U  T  Ó  P  I  A  F  N  U
X  D  W  I  O  I  L  L  Ú  Z  I  Ó  P  O
V  A  H  C  Z  J  Ó  S  L  A  T  G  Y  K
I  N  F  A  I  G  Ó  L  O  N  H  C  E  T
L  F  U  T  U  R  I  S  Z  T  I  K  U  S
Á  K  É  P  Z  E  L  E  T  B  E  L  I  R
G  B  O  L  Y  G  Ó  F  A  V  G  J  R  O
F  A  N  T  A  S  Z  T  I  K  U  S  E  B
A  T  O  M  I  E  J  S  P  M  B  L  Á  O
X  F  S  Á  N  A  B  B  O  R  C  S  L  T
S  I  K  S  E  Y  L  É  T  J  E  R  I  O
E  F  S  E  G  É  S  Ő  S  L  É  Z  S  K
G  A  L  A  X  I  S  V  Y  H  C  E  Ű  K
K  Ö  N  Y  V  E  K  N  D  M  R  F  E  T
```

ATOMI	KÉPZELETBELI
MOZI	KÖNYVEK
DYSTOPIA	REJTÉLYES
ROBBANÁS	VILÁG
SZÉLSŐSÉGES	JÓSLAT
FANTASZTIKUS	BOLYGÓ
TŰZ	REÁLIS
FUTURISZTIKUS	ROBOTOK
GALAXIS	TECHNOLÓGIA
ILLÚZIÓ	UTÓPIA

30 - Città

```
M  Y  S  M  E  A  H  G  P  R  S  K  K  K
S  Ú  Z  Z  H  K  G  H  É  T  Z  L  Ö  Ö
Z  R  Z  K  U  A  H  B  K  C  Á  I  N  N
Í  E  V  E  V  P  T  F  S  N  L  N  Y  Y
N  P  I  Á  U  P  E  M  É  O  L  I  V  V
H  Ü  R  L  W  M  I  R  G  I  O  K  T  E
Á  L  Á  L  I  V  Z  A  M  D  D  A  Á  S
Z  Ő  G  A  D  D  O  I  C  A  A  I  R  B
M  T  Á  T  L  P  M  R  D  T  R  I  Z  O
B  É  R  K  C  M  Z  É  O  S  S  K  Y  L
A  R  U  E  G  Y  M  L  W  P  L  T  E  T
N  J  S  R  A  T  E  A  D  K  Y  L  G  T
K  P  U  T  M  H  P  G  I  S  K  O  L  A
B  Z  T  N  E  G  Y  E  T  E  M  B  X  D
```

REPÜLŐTÉR	MÚZEUM
BANK	BOLT
KÖNYVTÁR	PÉKSÉG
MOZI	ISKOLA
KLINIKA	STADION
VIRÁGÁRUS	SZUPERMARKET
GALÉRIA	SZÍNHÁZ
SZÁLLODA	EGYETEM
KÖNYVESBOLT	ÁLLATKERT
PIAC	

31 - Fattoria #1

```
I  F  R  L  S  F  L  X  A  Y  M  B  Z  B
N  É  H  E  T  C  U  Z  R  O  C  O  P  A
K  Y  C  P  H  R  R  N  S  L  A  J  C  J
E  F  Á  Ú  K  I  X  G  E  H  L  Y  L  A
C  E  U  J  M  A  G  O  K  R  A  D  C  K
S  S  K  R  M  Y  X  P  R  Á  M  A  Z  S
K  É  I  O  E  T  G  L  I  N  B  Y  É  C
E  X  T  B  Z  U  S  V  S  T  B  G  M  A
P  A  J  Í  Ő  K  F  Z  C  O  K  Á  J  M
L  N  X  Y  R  B  R  A  V  V  M  R  C  V
S  Z  É  N  A  E  C  I  T  Í  M  T  Y  M
S  F  Y  P  U  A  K  T  Z  Z  É  L  Y  K
F  G  B  B  K  P  T  X  T  S  H  Ó  R  Z
R  O  M  E  Z  Ő  G  A  Z  D  A  S  Á  G
```

VÍZ	MACSKA
MEZŐGAZDASÁG	NYÁJ
MÉH	MALAC
SZAMÁR	MÉZ
MEZŐ	TEHÉN
KUTYA	CSIRKE
KECSKE	KERÍTÉS
LÓ	RIZS
TRÁGYA	MAGOK
SZÉNA	BORJÚ

32 - Psicologia

```
P W H S K H Y K H Ó W G V É
R Y D W E V Z O W I H G I N
O R G S W A W N L C R O S É
B H É É R X H F E Á I E E S
L I S R K E M L E Z R É L Z
É W I E S K U I B N K M K L
M K Y M Z P E K K E N M E E
A T L S Z B V T J Z U C D L
L E É I Z G T U E S R W É É
X R M G N G Á S Ó L A V S S
D Á E E P I W O L M T Y B O
C P Z M V F K H N A X Ö X H
M I S D K O T A L O D N O G
G A U U Z O E T I I F O P Z
```

KLINIKAI
MEGISMERÉS
VISELKEDÉS
KONFLIKTUS
ÉN
ÉRZELMEK
ÖTLETEK

GONDOLATOK
ÉSZLELÉS
SZEMÉLYISÉG
PROBLÉMA
VALÓSÁG
SZENZÁCIÓ
TERÁPIA

33 - Paesaggi

```
F O T G O H H S K J B G F S
S E V Í Z E S É S O A L É Z
H I Z T N T O C B Á R E L I
Y R N Á K L U V M Z L C S G
E G E J Z Í R N O I A C Z E
F Z B H E G Y Ó D S N S I T
M O Z E H N G C N R G E G J
O F L B Y L L E A V A R E É
C C N Y S G Ö Á R U E E T G
S Y M O Ó Y V N T P K G Y H
Á F P F J T S T S G W N C E
R B N S I V A T A G N E D G
L T I P G A C X T S G T J Y
S J M F J B K J M Y Y M N C
```

VÍZESÉS	TENGER
DOMB	HEGY
SIVATAG	OÁZIS
FOLYÓ	ÓCEÁN
GEJZÍR	MOCSÁR
GLECCSER	FÉLSZIGET
BARLANG	STRAND
JÉGHEGY	TUNDRA
SZIGET	VÖLGY
TÓ	VULKÁN

34 - Energia

```
S  K  A  F  Z  B  J  X  H  N  T  U  K  A
K  Z  Ő  G  O  W  O  L  C  U  E  U  Ö  K
I  I  E  D  X  T  P  L  B  K  L  E  R  K
Z  P  G  N  B  Y  O  H  X  L  E  L  N  U
A  V  A  A  N  W  F  N  F  E  K  E  Y  M
M  U  Y  R  É  Y  L  L  R  Á  T  K  E  U
E  S  N  E  Z  N  E  É  U  R  R  T  Z  L
G  T  A  O  S  É  Z  Z  A  I  O  R  E  Á
Ú  A  M  L  D  G  Í  S  É  S  N  O  T  T
J  S  E  Y  R  O  D  V  Z  S  P  M  C  O
U  G  Z  T  U  R  B  I  N  A  T  O  T  R
L  M  Ü  U  C  D  M  O  T  O  R  S  L  M
Ó  Y  O  R  Z  I  E  N  T  R  Ó  P  I  A
Z  U  S  V  Ő  H  B  E  N  Z  I  N  F  N
```

KÖRNYEZET	FOTON
AKKUMULÁTOR	HIDROGÉN
BENZIN	IPAR
HŐ	SZENNYEZÉS
SZÉN	MOTOR
ÜZEMANYAG	NUKLEÁRIS
DÍZEL	MEGÚJULÓ
ELEKTROMOS	TURBINA
ELEKTRON	GŐZ
ENTRÓPIA	SZÉL

35 - Ristorante #2

```
Z  Y  W  Y  J  P  Y  G  A  O  H  G  J  V
V  I  G  X  V  E  T  D  V  V  S  Y  É  G
R  I  W  M  E  K  O  U  H  B  V  Ü  G  G
A  C  L  K  U  E  J  W  I  A  R  M  H  N
B  Y  Á  L  E  R  Á  Y  I  T  L  Ö  O  E
B  C  N  X  A  E  S  E  Y  R  E  L  V  X
L  I  A  Y  O  Z  T  F  L  O  T  C  R  P
N  Y  K  É  Z  S  Y  T  W  T  É  S  Z  G
Z  L  R  C  S  Ű  A  U  Y  V  Ő  E  Y  R
G  M  O  N  I  F  T  S  M  U  L  T  V  É
V  Í  Z  S  I  L  Á  D  É  B  E  A  R  C
R  D  L  Ó  R  O  L  E  V  E  S  Z  T  N
V  A  C  S  O  R  A  P  B  F  T  N  J  I
E  G  K  E  G  É  S  D  L  Ö  Z  S  I  P
```

VÍZ	SALÁTA
ELŐÉTEL	LEVES
ITAL	HAL
PINCÉR	EBÉD
VACSORA	SÓ
KANÁL	SZÉK
FINOM	FŰSZEREK
VILLA	TORTA
GYÜMÖLCS	TOJÁS
JÉG	ZÖLDSÉGEK

36 - Moda

```
M I N I M A L I S T A T I Z
E L E G Á N S F R U S M S V
C G I Z S J R S P I L K C D
S E M L E Y N É K R G Í C B
I S P V L K Z Z D Á Y G T W
P X N H E W D M R N A O E S
K M I N T A X Í Á Y K M V M
E D B U T I K H G Z O B Ö O
V P O X U A X D A A R O Z D
A S V F T V Z N X T L K S E
E R E D E T I Á H P A R O R
E G Y S Z E R Ű H D T E R N
N T E X T Ú R A G U I O P G
X L M Z R O L Y N É R E Z S
```

RUHÁZAT
BUTIK
DRÁGA
KÉNYELMES
ELEGÁNS
MINIMALISTA
MINTA
MODERN
SZERÉNY
EREDETI

CSIPKE
GYAKORLATI
GOMBOK
HÍMZÉS
EGYSZERŰ
STÍLUS
IRÁNYZAT
SZÖVET
TEXTÚRA

37 - L'Azienda

```
G L O B Á L I S J V M L M K
I N N O V A T Í V H I E G O
T E R M É K W K O F N H F C
F D A F N U V R É B Ő E B K
L A P R R A O E A Z S T E Á
Y N I M Í U M A S A É Ő R Z
X W B Z H Z H T Á I G S U A
T R E N D E K Í T S F É H T
S Z A K M A I V A A A G Á O
H A L A D Á S É T N Ö D Z K
B E V É T E L V U L Y N Á F
F O R R Á S O K M G J D S R
C Y O I N L Á R E N E G B C
E G Y S É G E K B T B R A U
```

KREATÍV
DÖNTÉS
GENERÁLNI
GLOBÁLIS
IPAR
INNOVATÍV
BERUHÁZÁS
LEHETŐSÉG
BEMUTATÁS
TERMÉK

SZAKMAI
HALADÁS
MINŐSÉG
BEVÉTEL
HÍRNÉV
KOCKÁZATOK
FORRÁSOK
BÉR
TRENDEK
EGYSÉGEK

38 - Giardino

```
S  U  T  Á  P  A  L  D  F  N  F  Y  E  S
É  O  R  R  O  K  O  B  S  Y  Ü  U  S  I
T  S  E  G  A  O  F  P  Z  H  G  I  P  L
Í  Ö  K  Ű  F  M  C  F  Ő  V  G  U  A  B
R  S  M  L  T  O  B  F  L  O  Ő  W  D  H
E  C  G  L  O  Y  A  U  Ő  J  Á  E  J  V
K  L  A  E  Ő  G  S  I  L  S  G  M  A  E
X  Ö  R  W  D  Á  C  Y  Z  I  Y  V  H  W
Y  M  Á  Z  Y  R  L  T  W  N  N  N  P  P
M  Ü  Z  T  S  I  G  E  R  E  B  L  Y  E
V  Y  S  A  A  V  T  E  R  A  S  Z  P  Y
Z  G  P  L  H  D  G  P  W  P  Y  P  T  G
X  B  F  A  K  S  C  A  V  A  T  I  H  N
U  W  O  J  G  N  F  T  E  V  E  S  F  T
```

FA	PAD
FÜGGŐÁGY	GYEP
BOKOR	GEREBLYE
FŰ	KERÍTÉS
GYOMOK	TAVACSKA
VIRÁG	TALAJ
GYÜMÖLCSÖS	TERASZ
GARÁZS	TRAMBULIN
KERT	TÖMLŐ
LAPÁT	SZŐLŐ

39 - Frutta

```
K C A R A B A G R Á S S D R
I S T M M O R T I C U Z I D
V A Z O L R I D K C N I N M
I U K E A X K C A G F L N G
K T A V D N C Z Y S I V Y D
B A N Á N E A N L Á M A E N
A J I J C T R R Z B O G Y Ó
N A R I C R A A A M A N G Ó
A P A C Z Ö B A V N Y R R E
N A T O K K I Z P O C M M W
Á P K Y I K Z H N F K S M P
S J E X A N S T W X F Á H D
Z R N Z P T Ő L Ő Z S T D E
C S E R E S Z N Y E P B V Ó
```

SÁRGABARACK
ANANÁSZ
NARANCS
AVOKÁDÓ
BOGYÓ
BANÁN
CSERESZNYE
KIVI
MÁLNA
CITROM

MANGÓ
ALMA
DINNYE
SZEDER
NEKTARIN
PAPAJA
KÖRTE
ŐSZIBARACK
SZILVA
SZŐLŐ

40 - Fattoria #2

```
B  G  G  V  U  T  M  D  P  Ö  K  N  I  S
L  M  D  Y  L  Á  M  A  A  N  W  O  N  Z
V  K  I  O  Ü  Z  Z  P  J  T  O  N  É  W
K  E  G  H  J  M  T  D  T  Ö  H  U  L  K
Y  U  K  V  Y  H  Ö  Y  A  Z  Z  L  E  U
M  É  H  K  A  S  T  L  P  É  V  W  L  K
T  O  U  Á  P  L  É  E  C  S  O  D  M  O
R  Y  J  B  R  G  R  V  J  S  O  C  I  R
A  Z  Y  I  Á  G  A  Z  D  A  Ö  S  S  I
K  N  N  L  D  T  B  K  V  H  X  S  Z  C
T  M  Á  T  M  F  W  Ú  L  W  T  N  E  A
O  V  R  G  W  R  O  T  Z  S  Á  P  R  J
R  P  Á  L  L  A  T  O  K  A  S  C  A  K
E  W  B  G  Y  Ü  M  Ö  L  C  S  I  I  C
```

BÁRÁNY	ÖNTÖZÉS
GAZDA	LÁMA
MÉHKAS	TEJ
KACSA	KUKORICA
ÁLLATOK	LIBÁK
ÉLELMISZER	ÁRPA
PAJTA	PÁSZTOR
GYÜMÖLCS	JUH
GYÜMÖLCSÖS	RÉT
BÚZA	TRAKTOR

41 - Verdure

```
B  N  I  T  E  K  W  U  R  M  I  H  I  R
U  Á  M  B  O  R  S  Ó  E  O  L  Z  O  O
R  S  E  T  C  I  C  S  T  G  O  O  H  P
G  Z  Y  Ö  L  G  P  B  E  Y  K  R  K  A
O  I  L  K  G  A  C  L  K  O  K  É  P  R
N  L  E  F  N  Z  P  A  K  R  O  B  U  A
Y  D  S  Z  I  W  Y  É  A  Ó  R  M  P  D
A  A  Z  U  A  A  I  O  R  H  B  Ö  I  I
S  P  E  N  Ó  T  G  R  E  A  J  Y  V  C
L  Z  R  O  J  Á  O  K  L  G  G  G  I  S
F  R  T  L  U  L  M  C  L  Y  H  R  U  O
D  Z  E  G  Z  A  B  O  E  M  S  X  Á  M
W  M  P  D  P  S  A  X  Z  A  N  P  Y  S
A  R  T  I  C  S  Ó  K  A  M  Y  G  A  H
```

BROKKOLI	BORSÓ
ARTICSÓKA	PARADICSOM
SÁRGARÉPA	PETREZSELYEM
UBORKA	RETEK
HAGYMA	MOGYORÓHAGYMA
GOMBA	ZELLER
SALÁTA	SPENÓT
PADLIZSÁN	GYÖMBÉR
BURGONYA	TÖK

42 - Musica

```
V O M Z T Z S É N E Z É A K
M P Z E N E I F N U R N L L
J E H J E G W K C E R E B A
F R M I K R O F O N K K U S
E A Z D D Y J O N P W E M S
M S D F E L V É T E L K S Z
O U Z A N Z I T L A L Ö U I
Z R M K L E K E N É J L M K
C Ó E I Ö L J M D E D T T U
S K Y H B Z A E F I V Ő I S
I S U K I N O M R A H I R U
H A R M Ó N I A H R B B W U
R I T M I K U S C Í O A V G
T L A A T V B A L L A D A K
```

ALBUM   MIKROFON
HARMÓNIA   ZENEI
HARMONIKUS   ZENÉSZ
BALLADA   OPERA
ÉNEKES   KÖLTŐI
ÉNEKEL   FELVÉTEL
KLASSZIKUS   RITMIKUS
KÓRUS   RITMUS
LÍRAI   ESZKÖZ
DALLAM   ÉNEK

43 - Barbecue

B	E	V	Y	F	J	P	H	O	K	Z	W	S	F
W	O	O	H	H	A	G	Y	M	A	E	S	C	O
E	K	R	I	S	C	D	M	P	O	N	O	L	R
M	K	E	S	É	K	B	U	C	T	E	E	Ö	R
T	R	L	T	M	S	Á	V	Í	H	G	E	M	Ó
N	Y	F	I	O	S	A	É	H	S	É	G	Ü	V
J	Y	X	M	S	Z	B	L	L	I	R	G	Y	A
Á	M	Á	Z	C	Ó	W	V	Á	D	B	A	G	C
T	T	F	R	I	S	P	A	M	T	D	A	Y	S
É	C	D	P	D	Z	P	R	N	A	Á	Y	B	O
K	J	C	S	A	L	Á	D	É	B	E	K	U	R
O	X	J	X	R	V	Z	B	G	R	I	D	P	A
K	H	W	A	A	M	F	O	H	S	C	J	J	K
D	H	V	T	P	Z	F	H	F	Ó	M	N	I	F

FORRÓ
VACSORA
HAGYMA
KÉSEK
NYÁR
ÉHSÉG
CSALÁD
GYÜMÖLCS
JÁTÉKOK
GRILL

SALÁTÁK
MEGHÍVÁS
ZENE
BORS
CSIRKE
PARADICSOM
EBÉD
SÓ
SZÓSZ

44 - Fisica

```
L  K  G  F  A  N  M  O  T  A  G  H  V  M
D  T  É  Z  L  C  O  J  E  M  A  F  R  O
X  H  A  M  M  E  T  P  L  I  F  F  É  L
W  E  I  D  I  A  O  S  P  T  G  L  S  E
K  Á  O  S  Z  A  R  T  É  O  P  Z  Z  K
I  A  T  M  T  O  I  U  K  N  K  R  E  U
T  E  R  J  E  S  Z  K  E  D  É  S  C  L
S  A  A  F  F  I  T  Á  H  X  R  H  S  A
M  Ű  G  C  L  T  A  G  G  H  G  E  K  G
D  A  R  E  G  Y  E  T  E  M  E  S  E  P
Y  T  M  Ű  F  R  E  K  V  E  N  C  I  A
J  M  L  W  S  N  U  K  L  E  Á  R  I  S
J  B  H  X  S  É  E  L  E  K  T  R  O  N
L  P  C  S  E  V  G  S  O  Y  V  X  M  G
```

ATOM
KÁOSZ
KÉMIAI
SŰRŰSÉG
ELEKTRON
TERJESZKEDÉS
KÉPLET

FREKVENCIA
GÁZ
MOLEKULA
MOTOR
NUKLEÁRIS
RÉSZECSKE
EGYETEMES

45 - Erboristeria

```
F  C  O  G  C  A  T  N  E  M  M  G  K  L
O  W  T  R  E  K  R  O  E  D  G  Y  B  E
K  U  W  W  E  B  D  O  X  Y  L  H  B  V
H  R  J  T  U  G  K  Y  M  P  O  Ö  A  E
A  Y  N  Á  R  F  Á  S  J  Á  W  S  Z  N
G  K  G  G  G  E  V  N  B  V  S  M  S  D
Y  A  J  L  F  X  V  Z  Ó  S  J  Y  A  U
M  P  É  D  E  S  K  Ö  M  É  N  Y  L  L
A  O  Ö  S  S  Z  E  T  E  V  Ő  N  I  A
K  R  F  J  C  P  I  A  H  Y  N  O  K  C
M  I  N  Ő  S  É  G  Á  R  I  V  K  O  O
F  G  J  G  N  I  R  A  M  Z  O  R  M  Y
M  A  J  O  R  Á  N  N  A  E  O  Á  Y  T
K  A  K  U  K  K  F  Ű  V  E  U  T  A  C
```

FOKHAGYMA	LEVENDULA
KAPOR	MAJORÁNNA
AROMÁS	MENTA
BAZSALIKOM	OREGÁNÓ
KONYHAI	MINŐSÉG
TÁRKONY	ROZMARING
ÉDESKÖMÉNY	KAKUKKFŰ
VIRÁG	ZÖLD
KERT	SÁFRÁNY
ÖSSZETEVŐ	

46 - Attività Commerciale

```
C H A D H B Ü Z Á T I E P K
O U K T O M Z C V R H L S S
V G Ó A B L L W A Z U A Á R
D É D D R G E R L P S D Z T
K S A O R R T U Z M Á Á T
K E G R R F I Y T V S S H O
Ö R D I O I X E A A Y T U Z
L E F V H J I Z R O V A R A
T Y I H E J Ö V E D E L E M
S N U U L Z N É P X M A B L
É G Y Á R F M A E H N L P A
G V Y C O G A É P Z W L P K
P O R M Y G Ü Z N É P Á C L
N C E F A X C X R Y I V D A
```

KARRIER
KÖLTSÉG
ALKALMAZOTT
GYÁR
PÉNZÜGY
BERUHÁZÁS
ÁRU
ÜZLET
NYERESÉG

JÖVEDELEM
KEDVEZMÉNY
VÁLLALAT
PÉNZ
ADÓK
IRODA
VALUTA
ELADÁS

47 - Fiori

```
J  M  C  H  T  A  I  R  E  M  U  L  P  B
Á  O  A  Y  I  I  M  O  R  I  Z  S  T  A
Z  I  X  G  R  B  V  K  Á  M  N  X  N  Z
M  L  N  G  N  O  I  O  A  H  T  V  Á  S
I  I  U  E  Y  Ó  H  S  V  Z  F  O  R  A
N  L  X  M  B  P  L  C  Z  R  I  P  C  R
L  Ó  H  E  R  E  I  I  F  K  X  G  I  Ó
G  A  R  D  É  N  I  A  A  R  U  K  S  Z
O  R  C  H  I  D  E  A  T  K  Ó  S  Z  S
H  A  L  V  Á  N  Y  L  I  L  A  Z  Z  A
C  P  É  Z  S  R  O  Z  S  Á  Z  S  T
G  O  L  G  O  T  A  V  I  R  Á  G  I  A
E  K  V  N  A  P  R  A  F  O  R  G  Ó  K
L  E  V  E  N  D  U  L  A  O  N  R  D  X
```

GARDÉNIA
JÁZMIN
LILIOM
NAPRAFORGÓ
HIBISZKUSZ
LEVENDULA
HALVÁNYLILA
MAGNÓLIA
SZÁZSZORSZÉP
CSOKOR

NÁRCISZ
ORCHIDEA
MÁK
GOLGOTAVIRÁG
BAZSARÓZSA
SZIROM
PLUMERIA
RÓZSA
LÓHERE

48 - Filantropia

```
W  K  O  I  K  O  T  R  O  P  O  S  C  A
Y  G  Ü  Z  N  É  P  T  P  R  K  O  J  L
W  S  I  L  Á  B  O  L  G  O  O  N  H  B
L  I  F  I  D  C  V  X  L  G  S  Á  D  B
Ő  G  A  H  M  E  Y  T  W  R  Á  V  Z  Y
S  U  Y  O  S  I  T  M  G  A  V  L  T  E
Z  W  D  E  C  Y  F  É  S  M  Í  I  M  G
I  W  Y  K  R  T  W  J  S  O  H  Y  G  É
N  M  L  Y  C  M  O  Y  Ú  K  I  N  V  S
T  C  É  L  O  K  E  G  É  S  K  Ü  Z  S
E  A  L  A  P  O  K  K  A  K  Á  V  S  Ö
S  E  M  B  E  R  E  K  E  T  I  G  N  Z
É  I  V  F  Z  G  V  F  M  K  C  M  M  Ö
G  T  Ö  R  T  É  N  E  L  E  M  I  Z  K
```

GYERMEKEK   KÜLDETÉS
SZÜKSÉG   CÉLOK
KÖZÖSSÉG   ŐSZINTESÉG
PÉNZÜGY   EMBEREK
ALAPOK   PROGRAMOK
IFJÚSÁG   NYILVÁNOS
GLOBÁLIS   KIHÍVÁSOK
CSOPORTOK   TÖRTÉNELEM

49 - Ecologia

```
T  E  R  M  É  S  Z  E  T  E  S  T  N  S
F  W  Á  T  E  N  G  E  R  I  F  D  Ö  O
A  R  S  F  O  R  R  Á  S  O  K  T  V  K
J  C  C  W  Z  O  I  P  T  P  G  E  É  F
T  U  O  X  P  S  Z  D  A  K  Á  Z  N  É
A  J  M  D  K  É  L  Ő  H  E  L  Y  Y  L
B  A  S  Z  Á  L  Y  E  É  G  I  N  E  E
N  F  T  H  A  É  S  T  G  É  V  É  K  S
G  L  O  B  Á  L  I  S  H  S  Y  V  F  É
B  H  J  G  E  Ú  P  T  A  S  N  Ö  A  G
K  P  Z  P  R  T  L  K  J  Ö  É  N  U  P
V  P  O  S  B  D  L  U  L  Z  V  I  N  S
R  Y  X  J  O  B  V  J  A  Ö  Ö  Z  A  U
T  E  Z  S  É  M  R  E  T  K  N  B  J  J
```

ÉGHAJLAT	TERMÉSZETES
KÖZÖSSÉGEK	MOCSÁR
SOKFÉLESÉG	NÖVÉNYEK
FAUNA	FORRÁSOK
NÖVÉNYVILÁG	ASZÁLY
GLOBÁLIS	TÚLÉLÉS
ÉLŐHELY	FAJ
TENGERI	FAJTA
TERMÉSZET	NÖVÉNYZET

50 - Discipline Scientifiche

```
N A T Y N Á V S Á Z O K Y T
Ö E F I Z I O L Ó G I A A E
K N U E V B B A M N A O U R
O T S R S J I X H R I D U M
L E B X O T E Z S É G É R O
Ó Z C A W L Y F G S Ó B T D
G S A R N B Ó N N F L J A I
I É I A S A I G Ó L O E G N
A V M I W A N K I E H G H A
M L Ó H E W S P Z A C C C M
M E T E O R O L Ó G I A K I
C Y A I M É K O I B Z M W K
N N N V M O I E R Z S S É A
V X A K I N A T O B P W G K
```

ANATÓMIA	GEOLÓGIA
RÉGÉSZET	NYELVÉSZET
BIOKÉMIA	METEOROLÓGIA
BOTANIKA	ÁSVÁNYTAN
KÉMIA	NEUROLÓGIA
ÖKOLÓGIA	PSZICHOLÓGIA
FIZIOLÓGIA	TERMODINAMIKA

51 - Scienza

```
F I Z I K A X G N V H U S R
D A D A T Y X I G X I C L É
W T N Ö V É N Y E K P Z Y S
R E Z S D Ó M É N K O S I Z
I L Y T S J V I T R T Z Y E
G R A V I T Á C I Ó É E M C
R É A A L A T L W D Z R O S
I S G T I L I U V P I V L K
C Í Y O Z J Y M D E S E E É
R K H M S A W Y É Ó I Z K K
G D M S S H Y W Z K S E U V
W O X H O G V L R E G T L I
D G N K F É M U N H X X Á P
M E G F I G Y E L É S X K C
```

ATOM
KÉMIAI
ÉGHAJLAT
ADAT
KÍSÉRLET
TÉNY
FIZIKA
FOSSZILIS
GRAVITÁCIÓ

HIPOTÉZIS
MÓDSZER
MOLEKULÁK
SZERVEZET
MEGFIGYELÉS
RÉSZECSKÉK
NÖVÉNYEK
TUDÓS

52 - Acqua

```
J O Á R V Í Z Z Z I F H S Y
M F Z K T P Ő T U Ó Y L O F
F N X Y I Z G Ó H Z C B W C
H U L L Á M O K A E W E B V
Ö Z K E H U R X N F I G Á J
N S V M L R R J Y D U W G N
T N N U C N E D V E S S É G
Ö O N R S Á G L O R Á P J F
Z M U R A E H U R R I K Á N
É E R Í T J V J K R I T Z V
S N J Z O X E D Y N W Z S V
V F E J R M Ő S E H G D N T
L Y W E N H D W I N Ó R N J
N Y Y G A F I H A T Ó L G K
```

ÁRVÍZ
CSATORNA
ZUHANY
PÁROLGÁS
FOLYÓ
FAGY
GEJZÍR
JÉG
ÖNTÖZÉS
TÓ

MONSZUN
HÓ
ÓCEÁN
HULLÁMOK
ESŐ
IHATÓ
NEDVESSÉG
NEDVES
HURRIKÁN
GŐZ

53 - Boxe

```
Y  S  Ő  T  E  Z  E  V  K  É  T  Á  J  K
Z  V  T  Z  D  J  T  B  P  Z  J  L  S  Ö
S  U  B  C  K  É  S  Z  S  É  G  L  E  N
U  L  T  F  S  E  F  Á  R  J  I  D  L  Y
K  I  M  E  R  Ü  L  T  G  D  W  W  L  Ö
Ó  E  A  S  O  F  Ö  N  I  Ú  C  I  E  K
F  O  T  X  Y  H  K  R  E  K  R  F  N  O
Y  X  D  E  G  K  Ö  T  E  L  E  K  F  R
X  Y  X  M  S  O  C  R  A  H  J  M  É  A
T  E  V  I  D  T  Z  L  S  D  B  J  L  S
X  G  R  V  G  N  A  R  A  H  J  Z  B  G
P  B  J  Ő  I  O  P  T  J  H  A  A  W  F
O  E  O  B  X  P  K  E  S  Z  T  Y  Ű  F
F  E  L  É  P  Ü  L  É  S  E  W  B  U  E
```

KÉSZSÉG	ERŐ
SAROK	FÓKUSZ
JÁTÉKVEZETŐ	KÖNYÖK
ELLENFÉL	KESZTYŰ
RÚGÁS	ÁLL
HARANG	ÖKÖL
HARCOS	PONTOK
KÖTELEK	GYORS
TEST	FELÉPÜLÉS
KIMERÜLT	

54 - Imbarcazioni

```
N  F  F  M  R  N  Y  N  R  N  Z  T  P  V
H  O  C  O  B  R  Á  T  P  H  K  U  L  M
J  O  T  T  G  I  N  E  P  V  P  T  D  T
D  A  G  O  G  S  H  Y  C  I  M  A  A  H
O  E  C  R  K  N  W  G  T  Ó  O  J  G  U
S  Y  A  H  T  T  Ó  T  D  S  K  N  Á  L
Á  W  W  M  T  E  B  Ó  J  A  A  U  L  L
L  F  O  L  Y  Ó  N  V  P  U  J  B  Y  Á
R  E  G  N  E  T  F  G  I  L  A  K  N  M
O  E  U  K  N  L  F  Y  E  K  K  Ö  O  O
T  E  N  G  E  R  É  S  Z  R  R  T  G  K
I  L  E  G  É  N  Y  S  É  G  I  É  R  I
V  G  K  S  M  A  X  L  E  O  B  L  O  D
I  I  K  U  E  B  W  I  K  Y  G  H  H  U
```

ÁRBOC	TENGER
HORGONY	DAGÁLY
VITORLÁS	TENGERÉSZ
BÓJA	MOTOR
KENU	TENGERI
KÖTÉL	ÓCEÁN
LEGÉNYSÉG	HULLÁMOK
FOLYÓ	KOMP
KAJAK	JACHT
TÓ	TUTAJ

55 - Chimica

```
F  W  Z  M  S  O  H  Ő  C  A  C  H  C  K
O  F  F  O  D  S  L  M  C  I  S  Ő  D  L
L  R  Y  L  Ú  S  A  Y  G  O  Z  M  U  Ó
Y  P  X  E  H  N  D  V  B  N  É  É  S  R
A  O  R  K  L  B  W  B  O  É  N  R  Ó  O
D  T  I  U  E  Ú  F  C  G  G  O  S  P  T
É  Y  O  L  S  S  G  T  J  O  R  É  D  Á
K  N  X  A  J  W  P  O  B  R  T  K  F  Z
C  R  I  M  O  T  A  I  S  D  K  L  R  I
Z  Á  G  S  I  P  M  A  X  I  E  E  B  L
T  O  É  C  E  Z  V  O  Y  H  L  T  G  A
J  N  N  K  B  E  N  L  K  U  E  U  P  T
H  V  S  Z  E  R  V  E  S  D  E  T  K  A
N  U  K  L  E  Á  R  I  S  S  G  H  W  K
```

SAV	HIDROGÉN
LÚGOS	ION
ATOMI	FOLYADÉK
HŐ	MOLEKULA
SZÉN	NUKLEÁRIS
KATALIZÁTOR	SZERVES
KLÓR	OXIGÉN
ELEKTRON	SÚLY
ENZIM	SÓ
GÁZ	HŐMÉRSÉKLET

56 - Api

```
S Z X N D N N É L Ő H E L Y
V I R Á G A S Ö Y N Ő L E P
G M J I E P J C V X N M Z V
É É Z T Ő B I P K É W É G I
S V L K N K U O E U N Z I A
E K I E Y S C L Ö M Ü Y G S
L V M R L Z F L A D B Z E Z
É I B A Á M S E T P A F R K
F H M V R G I N T P V Ü Á L
K P O O I Y O S H D S S T W
O P B R K G O K Z A X T P C
S Z Á R N Y A K G E O N A O
I I O R A J W H T T R E K K
Ö K O S Z I S Z T É M A V C
```

SZÁRNYAK	FÜST
KAPTÁR	KERT
ELŐNYÖS	ÉLŐHELY
VIASZ	ROVAR
ÉLELMISZER	MÉZ
SOKFÉLESÉG	NÖVÉNYEK
ÖKOSZISZTÉMA	POLLEN
VIRÁGOK	KIRÁLYNŐ
VIRÁG	RAJ
GYÜMÖLCS	NAP

57 - Strumenti Musicali

```
R  Y  D  E  N  Y  F  H  G  F  A  K  N  H
F  R  O  I  U  Y  H  U  Á  O  E  O  V  O
Z  A  B  M  I  R  A  M  V  R  N  N  C  V
O  O  H  J  I  Ó  R  U  U  O  F  G  S  B
N  F  A  C  S  S  M  Z  H  W  L  A  I  L
G  F  R  Ű  F  Z  O  J  L  V  R  A  U  I
O  K  A  D  H  D  N  C  S  E  L  L  Ó  T
R  G  N  E  F  N  I  L  O  D  N  A  M  R
A  I  G  G  E  E  K  K  D  D  O  Z  S  O
L  T  J  E  M  B  A  A  M  O  B  G  X  M
S  Á  Á  H  A  R  S  O  N  A  O  G  G  B
E  R  T  T  O  G  A  F  C  X  A  D  U  I
D  I  É  K  L  A  R  I  N  É  T  F  S  T
T  Z  K  C  S  Ö  R  G  Ő  D  O  B  A  A
```

HARMONIKA	MARIMBA
HÁRFA	OBOA
BENDZSÓ	ZONGORA
HARANGJÁTÉK	CSÖRGŐDOB
GITÁR	DOB
KLARINÉT	TROMBITA
FAGOTT	HARSONA
FUVOLA	HEGEDŰ
GONG	CSELLÓ
MANDOLIN	

58 - Professioni #2

```
F  N  F  B  F  Ű  R  H  A  J  Ó  S  X  P
E  Y  I  I  S  O  R  Á  T  V  Y  N  Ö  K
L  E  L  O  Ó  G  G  A  L  X  Z  J  R  B
T  L  O  L  T  H  P  O  P  H  O  V  E  T
A  V  Z  Ó  O  M  J  U  R  A  P  C  Z  N
L  É  Ó  G  F  J  G  F  K  V  H  V  O  J
Á  S  F  U  B  Ó  N  E  E  S  O  D  O  Ú
L  Z  U  S  D  T  Y  S  R  E  G  S  L  J
Ó  C  S  D  N  A  O  T  T  B  U  O  Ó  S
N  T  S  R  M  T  M  Ő  É  É  U  V  G  Á
B  K  I  Á  O  U  O  I  S  S  L  R  U  G
M  É  R  N  Ö  K  Z  V  Z  Z  G  O  S  Í
U  X  C  A  A  T  Ó  L  I  P  S  R  T  R
O  R  O  T  Á  R  T  Z  S  U  L  L  I  Ó
```

ŰRHAJÓS	ILLUSZTRÁTOR
KÖNYVTÁROS	MÉRNÖK
BIOLÓGUS	TANÁR
SEBÉSZ	FELTALÁLÓ
FOGORVOS	NYELVÉSZ
NYOMOZÓ	ORVOS
FILOZÓFUS	PILÓTA
FOTÓS	FESTŐ
KERTÉSZ	KUTATÓ
ÚJSÁGÍRÓ	ZOOLÓGUS

59 - Letteratura

```
Y  N  É  G  E  R  R  I  T  M  U  S  T  C
S  T  T  L  T  B  C  A  I  O  A  Ő  S  R
C  T  P  E  E  P  Á  R  B  E  S  Z  É  D
N  P  Í  L  P  T  J  O  E  W  V  R  T  K
R  E  H  L  D  K  R  F  V  G  V  E  E  R
J  Í  Z  M  U  A  C  A  Y  M  E  Z  T  I
E  Z  M  Ű  E  S  E  T  J  Z  R  S  Z  T
G  G  B  F  V  U  X  E  D  Z  S  L  E  I
W  B  P  A  C  R  C  M  I  L  É  E  K  K
X  U  A  J  K  Ö  L  T  Ő  I  Z  Í  T  A
V  É  L  E  M  É  N  Y  P  S  M  R  E  F
O  S  T  É  M  A  O  N  W  F  E  Á  V  M
A  N  A  L  Ó  G  I  A  T  W  L  S  Ö  H
A  N  E  K  D  O  T  A  G  C  E  B  K  I
```

ELEMZÉS
ANALÓGIA
ANEKDOTA
SZERZŐ
ÉLETRAJZ
KÖVETKEZTETÉS
KRITIKA
LEÍRÁS
PÁRBESZÉD
MŰFAJ

METAFORA
VÉLEMÉNY
VERS
KÖLTŐI
RÍM
RITMUS
REGÉNY
STÍLUS
TÉMA

60 - Cibo #2

```
W  S  S  Á  J  O  T  B  H  T  J  A  S  K
J  R  Z  Z  N  K  S  B  A  G  É  L  O  E
M  X  Ő  M  I  H  B  N  B  N  D  M  N  N
K  J  L  C  L  R  K  F  M  Á  Á  A  K  Y
I  M  Ő  I  O  W  D  E  O  S  L  N  A  É
V  V  N  P  K  G  N  Y  G  Z  O  Y  V  R
I  A  S  T  K  D  L  N  A  I  K  Z  A  M
O  D  K  M  O  B  Ú  Z  A  L  O  R  J  H
S  O  E  P  R  A  B  S  M  D  S  T  C  C
S  F  C  S  B  B  F  E  E  A  C  C  S  Y
M  O  S  C  I  D  A  R  A  P  B  J  I  M
F  K  L  N  E  B  R  E  L  L  E  Z  R  V
J  O  G  H  U  R  T  S  C  A  G  L  K  M
I  Z  V  Z  K  F  H  C  L  U  H  T  E  Y
```

BANÁN	KENYÉR
BROKKOLI	HAL
CSERESZNYE	CSIRKE
CSOKOLÁDÉ	PARADICSOM
SAJT	SONKA
GOMBA	RIZS
BÚZA	ZELLER
KIVI	TOJÁS
ALMA	SZŐLŐ
PADLIZSÁN	JOGHURT

61 - Nutrizione

```
K  S  É  T  Z  S  É  M  E  H  L  U  E  E
A  Z  F  O  L  Y  A  D  É  K  O  K  H  G
L  É  E  R  J  E  S  Z  T  É  S  B  E  É
Ó  N  I  X  O  T  X  N  E  L  L  B  T  S
R  H  V  I  T  A  M  I  N  D  R  Y  Ő  Z
I  I  J  I  Y  C  V  H  Y  D  V  G  J  S
A  D  G  G  J  G  A  Y  N  A  P  Á  T  É
Ű  R  E  S  E  K  É  W  X  G  W  V  J  G
U  Á  B  Z  F  J  D  S  Ú  L  Y  T  Í  E
T  T  S  Z  Ó  S  Z  I  Z  N  K  É  Z  S
K  O  N  Y  V  U  X  J  É  S  K  G  L  L
W  K  É  J  R  É  H  E  F  T  É  C  A  M
M  I  N  Ő  S  É  G  F  T  X  A  G  P  H
F  Ű  S  Z  E  R  E  K  K  W  S  D  E  L
```

KESERŰ	TÁPANYAG
ÉTVÁGY	SÚLY
KALÓRIA	FEHÉRJÉK
SZÉNHIDRÁTOK	MINŐSÉG
EHETŐ	SZÓSZ
DIÉTA	EGÉSZSÉG
EMÉSZTÉS	EGÉSZSÉGES
ERJESZTÉS	FŰSZEREK
ÍZ	TOXIN
FOLYADÉKOK	VITAMIN

62 - Matematica

```
E  Z  N  H  Á  R  O  M  S  Z  Ö  G  S  T
G  S  O  M  A  Z  U  H  R  Á  P  V  Z  Ö
Y  M  G  Ö  M  B  O  T  W  Y  O  H  Á  R
E  A  I  R  T  E  M  M  I  Z  S  N  M  E
N  Y  L  S  G  T  J  U  U  Z  P  S  T  D
L  Z  O  S  E  G  E  L  Ő  R  E  M  A  É
E  R  P  P  Z  J  S  K  V  I  T  D  N  K
T  W  A  N  S  T  E  Z  Y  G  É  N  E  F
R  Ő  M  P  S  W  D  S  Á  N  V  L  L  S
Á  V  O  L  Ö  Y  F  W  Z  M  O  F  X  K
G  E  O  M  E  T  R  I  A  Ö  O  O  P  C
U  T  T  É  G  L  A  L  A  P  G  K  Y  T
S  I  T  T  B  F  T  E  L  Ü  R  E  K  P
T  K  Á  T  M  É  R  Ő  X  O  T  O  K  C
```

SZÖGEK
SZÁMTAN
TIZEDES
ÁTMÉRŐ
EGYENLET
KITEVŐ
TÖREDÉK
GEOMETRIA
SZÁMOK
PÁRHUZAMOS

KERÜLET
MERŐLEGES
POLIGON
NÉGYZET
SUGÁR
TÉGLALAP
GÖMB
SZIMMETRIA
ÖSSZEG
HÁROMSZÖG

63 - Meditazione

```
E  L  F  O  G  A  D  Á  S  T  X  F  Y  C
J  I  A  S  I  L  Á  T  N  E  M  I  C  U
É  R  Z  E  L  M  E  K  N  R  M  G  B  M
N  M  B  G  E  D  M  E  G  M  O  Y  K  Z
Y  Y  E  K  I  C  L  H  É  É  Z  E  V  E
L  C  U  G  Y  H  E  Z  S  S  G  L  I  N
B  M  P  G  F  H  M  L  S  Z  Á  E  L  E
B  É  K  E  O  I  G  C  E  E  S  M  Á  C
P  D  O  F  J  D  G  R  V  T  I  O  G  S
L  É  G  Z  É  S  T  Y  D  E  B  M  O  E
H  P  U  I  E  F  D  W  E  Y  E  G  S  N
Z  Á  T  R  B  X  D  Z  K  L  D  N  S  D
T  K  L  T  R  P  S  I  M  I  É  W  Á  K
K  O  T  A  L  O  D  N  O  G  U  S  G  H
```

ELFOGADÁS	MOZGÁS
FIGYELEM	ZENE
NYUGODT	TERMÉSZET
VILÁGOSSÁG	MEGFIGYELÉS
ÉRZELMEK	BÉKE
KEDVESSÉG	GONDOLATOK
HÁLA	LÉGZÉS
MENTÁLIS	CSEND
ELME	

64 - Antiquariato

```
I  É  V  T  I  Z  E  D  E  K  L  J  Y  J
S  Z  Á  Z  A  D  E  B  X  J  F  V  J  E
H  I  T  E  L  E  S  Y  Ú  W  I  Í  É  U
Á  R  V  E  R  É  S  A  B  T  R  T  R  M
D  H  X  N  T  É  R  T  É  K  O  A  M  Ű
B  E  I  W  I  D  Á  G  X  R  Z  R  É  V
S  E  M  I  N  Ő  S  É  G  É  R  O  K  É
A  I  R  É  L  A  G  S  W  G  D  K  U  S
W  P  P  U  F  O  I  O  P  I  K  E  Z  Z
R  K  C  Z  H  M  B  K  B  S  H  D  L  E
D  J  L  K  I  Á  E  L  E  G  Á  N  S  T
U  N  B  D  J  R  Z  S  Z  O  B  O  R  K
C  S  Á  T  Í  L  L  Á  E  R  Y  L  E  H
Á  L  L  A  P  O  T  F  S  U  L  Í  T  S
```

MŰVÉSZET	ÉRMÉK
ÁRVERÉS	ÁR
HITELES	MINŐSÉG
ÁLLAPOT	HELYREÁLLÍTÁS
ÉVTIZEDEK	SZOBOR
DEKORATÍV	SZÁZAD
ELEGÁNS	STÍLUS
GALÉRIA	ÉRTÉK
BERUHÁZÁS	RÉGI
BÚTOR	

65 - Escursionismo

```
V C O J I M D S P Z É Á V I
P X W R T G Y D A V G L E Y
W W D E I B P H R H H L S N
K X L L K E V Ö K L A A Z F
Ó O F Ő I Y N G O R J T É Á
T B A K W O B T K E L O L R
A V X É P P F N Á K A K Y A
T E Z S É M R E T C T S E D
U E É Z Í V V Y Z A I P K T
M R H Í I A X Z N A P Ó A L
T V E T C S I Z M A H A J T
Ú N N É T É R K É P E L A Y
B S R S S Z I K L A G K U L
K E M P I N G U T S Y D T D
```

VÍZ
ÁLLATOK
KEMPING
ÉGHAJLAT
ÚTMUTATÓK
TÉRKÉP
HEGY
TERMÉSZET
ORIENTÁCIÓ
PARKOK

VESZÉLYEK
NEHÉZ
KÖVEK
ELŐKÉSZÍTÉS
SZIKLA
VAD
NAP
FÁRADT
CSIZMA

66 - Professioni #1

```
Ü  S  B  G  Z  S  É  R  E  G  N  E  T  B
G  Z  A  Y  O  Ó  L  O  P  Á  Y  T  Z  P
Y  E  N  Ó  N  D  H  C  V  E  M  L  S  A
V  R  K  G  G  U  I  Y  L  F  D  F  É  N
É  K  Á  Y  O  T  T  M  U  L  H  R  R  Z
D  E  R  S  R  N  A  G  Y  K  Ö  V  E  T
R  S  A  Z  I  Z  M  T  W  J  R  K  Z  T
Ő  Z  D  E  S  K  E  Ű  Á  M  N  G  S  J
W  T  J  R  T  D  Z  N  V  N  G  W  K  P
I  Ő  T  É  A  U  A  G  É  É  C  L  É  C
A  B  I  S  S  K  C  Z  B  S  S  O  K  V
K  M  F  Z  S  Á  D  A  V  A  Z  Z  S  R
P  S  Z  I  C  H  O  L  Ó  G  U  S  S  U
G  E  O  L  Ó  G  U  S  A  Z  V  U  A  S
```

EDZŐ
NAGYKÖVET
MŰVÉSZ
ÜGYVÉD
TÁNCOS
BANKÁR
VADÁSZ
SZERKESZTŐ
GYÓGYSZERÉSZ

GEOLÓGUS
ÉKSZERÉSZ
ÁPOLÓ
TENGERÉSZ
ZENÉSZ
ZONGORISTA
PSZICHOLÓGUS
TUDÓS

67 - Antartide

```
F  S  R  C  S  Á  R  Á  T  L  E  F  T  H
R  Ö  J  Ó  I  C  Í  D  E  P  X  E  U  Ő
P  V  L  L  E  R  V  Í  Z  R  I  C  D  M
F  S  F  D  D  G  E  B  E  B  T  F  O  É
M  É  N  H  R  G  N  Z  Y  F  T  N  M  R
I  Z  L  K  G  A  W  O  N  X  I  S  Á  S
G  R  B  S  K  D  J  M  R  J  U  K  N  É
R  Ő  S  G  Z  U  X  Z  Ö  N  T  Ő  Y  K
Á  G  I  V  D  I  T  B  K  W  F  H  O  L
C  E  R  V  X  V  G  A  Ö  B  Ö  L  S  E
I  M  B  S  G  N  É  E  T  Z  E  E  R  T
Ó  U  K  R  L  L  J  R  T  Ó  A  F  R  S
K  O  N  T  I  N  E  N  S  A  K  K  H  F
B  Á  L  N  Á  K  L  S  Z  I  K  L  Á  S
```

VÍZ
KÖRNYEZET
ÖBÖL
BÁLNÁK
MEGŐRZÉS
KONTINENS
FELTÁRÁS
FÖLDRAJZ
JÉG

MIGRÁCIÓ
FELHŐK
FÉLSZIGET
KUTATÓ
SZIKLÁS
TUDOMÁNYOS
EXPEDÍCIÓ
HŐMÉRSÉKLET

68 - Libri

```
V L O R Z E L T G L R X R I
U T Y Z J T P Z E T V P Í D
J Y P Z S U K I G A R T R E
V N Y W S F D T K U C J O V
K O N T E X T U S U H I T O
T K É I O L V A S Ó S I T N
Ö É M L M S O R O Z A T Y A
R L E K Ö L T É S Z E T T T
T Á T P G A A R E G É N Y K
É L J O X D L D N A L A K O
N A Ű W X L B K O Z S R S Z
E T Y O T O G Ő Z R E Z S Ó
T E G T R É F Á S V I W Z E
T Ö R T É N E L M I E D L X
```

SZERZŐ	KÖLTÉSZET
KALAND	IDE VONATKOZÓ
GYŰJTEMÉNY	REGÉNY
KONTEXTUS	ÍROTT
EPIKUS	SOROZAT
TALÁLÉKONY	TÖRTÉNET
IRODALMI	TÖRTÉNELMI
OLVASÓ	TRAGIKUS
OLDAL	TRÉFÁS

69 - Geografia

```
T  I  K  Z  K  U  A  H  O  S  H  L  É  H
É  Ó  K  S  N  E  N  I  T  N  O  K  S  E
R  N  Y  A  S  Y  U  W  A  C  S  X  Z  G
K  H  P  L  É  D  N  D  G  A  S  V  A  Y
É  Z  N  T  O  N  V  X  U  V  Z  F  K  C
P  M  V  A  E  F  A  O  Y  I  Ú  X  Y  M
R  U  F  Y  P  N  Y  W  N  D  S  R  X  E
T  E  L  Ü  R  E  T  F  F  É  Á  M  Z  R
M  A  G  A  S  S  Á  G  É  K  G  J  C  I
B  V  Á  N  G  É  S  S  E  L  É  Z  S  D
S  I  Z  U  E  Y  U  E  C  O  T  G  Z  I
B  L  S  I  E  T  D  E  N  J  N  E  T  Á
M  Á  R  S  Z  I  G  E  T  T  O  N  K  N
D  G  O  V  Á  R  O  S  C  S  V  V  Y  E
```

MAGASSÁG	TENGER
ATLASZ	MERIDIÁN
VÁROS	VILÁG
KONTINENS	HEGY
FÉLTEKE	ÉSZAK
FOLYÓ	NYUGAT
SZIGET	ORSZÁG
SZÉLESSÉG	VIDÉK
HOSSZÚSÁG	DÉL
TÉRKÉP	TERÜLET

70 - Cibo #1

```
G F B S U J C Á J K F V H K
Y O S P E H Z R T Ö A P D W
Ü K A E T J J P I R H E W W
M H S N T Y W A T T É P C L
Ö A A Ó Z V C S M E J E U X
L G A T M E N T A Y V R K K
C Y T U J W C Y P N G X O D
S M Á E T J U R Z M B A R Z
L A L S J B U I Z R K H H S
É R A P É R A G R Á S Ú H Ó
O A S Z W D R T O N H A L L
F C G J K Y M O R T I C H B
F E H É R R É P A O G Y Y S
B A Z S A L I K O M T V Y W
```

FOKHAGYMA	MENTA
BAZSALIKOM	ÁRPA
FAHÉJ	KÖRTE
HÚS	FEHÉRRÉPA
SÁRGARÉPA	SÓ
HAGYMA	SPENÓT
EPER	GYÜMÖLCSLÉ
SALÁTA	TONHAL
TEJ	TORTA
CITROM	CUKOR

71 - Aeroplani

```
L  K  A  T  Ó  L  I  P  M  Z  S  I  T  W
E  E  W  C  E  A  G  V  E  O  S  H  L  T
A  L  S  S  Y  R  Z  X  S  A  T  O  T  Ö
O  Y  Á  Z  N  N  V  T  I  O  O  O  H  R
É  B  Z  H  Á  O  V  E  F  I  T  L  R  T
P  G  A  A  R  L  B  K  Z  A  G  É  T  É
Í  P  M  T  I  L  L  G  T  É  Á  G  K  N
T  A  R  U  T  A  S  Á  W  M  S  K  A  E
É  L  Á  I  K  B  I  F  S  E  S  Ö  L  L
S  Z  Z  H  A  J  Ó  Z  I  K  A  R  A  E
G  É  S  Y  N  É  G  E  L  I  G  G  N  M
H  I  D  R  O  G  É  N  O  T  A  Z  D  B
O  É  J  G  I  G  A  Y  N  A  M  E  Z  Ü
Ő  G  E  V  E  L  K  O  S  A  P  D  O  B
```

MAGASSÁG	SZÁRMAZÁS
LEVEGŐ	LEGÉNYSÉG
LÉGKÖR	HIDROGÉN
LESZÁLLÁS	MOTOR
KALAND	HAJÓZIK
ÜZEMANYAG	BALLON
ÉG	UTAS
ÉPÍTÉS	PILÓTA
TERVEZÉS	TÖRTÉNELEM
IRÁNY	

72 - Governo

```
T  E  H  O  F  J  B  Á  A  D  A  B  B  S
Ö  U  J  O  Ü  O  E  L  R  E  L  Í  E  Z
R  A  K  Z  G  G  S  L  V  M  K  R  H  I
V  T  K  W  G  I  Z  A  E  O  O  Ó  U  M
É  I  H  I  E  C  É  M  Z  K  T  S  P  B
N  V  L  T  T  U  D  S  E  R  M  Á  O  Ó
Y  W  A  E  L  I  D  R  T  Á  Á  G  L  L
L  W  T  Z  E  Z  L  G  Ő  C  N  I  G  U
U  B  R  M  N  N  X  O  K  I  Y  I  Á  M
V  W  B  E  S  O  P  B  P  A  W  A  R  Y
W  F  M  N  É  E  M  L  É  K  M  Ű  I  W
H  O  E  D  G  Á  S  D  A  B  A  Z  S  I
Y  Z  N  E  M  Z  E  T  E  L  Ü  R  E  K
I  G  A  Z  S  Á  G  O  S  S  Á  G  F  S
```

VEZETŐ	TÖRVÉNY
POLGÁRI	SZABADSÁG
ALKOTMÁNY	EMLÉKMŰ
DEMOKRÁCIA	NEMZETI
BESZÉD	NEMZET
VITA	POLITIKA
BÍRÓSÁGI	KERÜLET
IGAZSÁGOSSÁG	SZIMBÓLUM
FÜGGETLENSÉG	ÁLLAM
JOGI	

73 - Bellezza

```
K  O  Z  M  E  T  I  K  A  X  O  H  S  F
C  Z  L  F  H  S  C  R  Ö  K  Ü  T  I  W
S  C  W  X  H  S  E  J  Ú  T  N  I  M  J
F  Ü  R  T  Ö  K  L  N  Í  Z  S  L  A  H
M  L  Ő  K  L  X  E  O  S  X  S  L  O  O
E  M  B  E  K  Z  G  P  F  M  X  A  C  L
L  L  K  L  F  O  Á  M  J  F  I  T  I  A
E  S  E  P  A  L  N  A  H  S  P  N  B  J
Y  E  K  G  B  L  S  S  B  F  B  G  K  O
G  O  É  B  A  Ó  S  T  Y  L  I  S  T  K
E  S  M  Á  K  N  É  G  O  T  O  F  W  O
K  X  R  J  C  O  C  V  G  N  R  I  I  L
P  G  E  D  Z  F  C  I  X  M  V  T  F  S
K  U  T  X  A  Y  M  S  A  V  L  R  J  K
```

SZÍN
KOZMETIKA
ELEGÁNS
ELEGANCIA
BÁJ
OLLÓ
FOTOGÉN
ILLAT
KEGYELEM
SIMA

OLAJOK
BŐR
TERMÉKEK
FÜRTÖK
RÚZS
SAMPON
TÜKÖR
STYLIST
SMINK

74 - Avventura

```
A  Y  A  G  Ö  R  Ö  M  O  Y  L  É  S  E
Ó  I  C  Á  G  I  V  A  N  U  E  T  Á  M
B  K  O  S  Á  V  Í  H  I  K  L  E  L  D
A  S  N  R  Z  I  A  I  T  H  K  V  U  Ú
R  É  E  O  L  É  L  G  E  X  E  É  D  J
Á  T  H  T  E  U  P  Á  Z  K  S  K  N  P
T  Í  É  Á  H  T  A  S  S  O  E  E  Á  Ú
O  Z  Z  B  E  A  C  N  É  L  D  N  R  T
K  S  S  X  T  Z  X  O  M  G  É  Y  I  V
N  É  É  J  Ő  Á  B  T  R  S  S  S  K  O
A  K  G  D  S  S  X  Z  E  R  D  É  T  N
G  Ő  Y  J  É  O  J  I  T  I  Z  G  R  A
W  L  O  O  G  K  R  B  K  T  N  P  O  L
V  E  S  Z  É  L  Y  E  S  T  K  P  A  X
```

BARÁTOK	TERMÉSZET
TEVÉKENYSÉG	NAVIGÁCIÓ
SZÉPSÉG	ÚJ
ESÉLY	LEHETŐSÉG
BÁTORSÁG	VESZÉLYES
NEHÉZSÉG	ELŐKÉSZÍTÉS
LELKESEDÉS	KIHÍVÁSOK
KIRÁNDULÁS	BIZTONSÁG
ÖRÖM	UTAZÁSOK
ÚTVONAL	

75 - Forme

```
K  K  P  H  S  I  M  A  R  I  P  X  H  H
H  N  O  G  I  L  O  P  H  W  F  O  E  Á
G  F  T  E  Z  Y  G  É  N  R  T  F  N  R
U  O  T  N  S  I  L  Á  V  O  P  J  G  O
E  E  B  X  P  A  L  A  L  G  É  T  E  M
J  J  W  Z  I  G  T  A  R  K  F  W  R  S
V  O  N  A  L  Ö  H  L  D  T  O  H  D  Z
S  F  R  M  L  M  V  O  Í  L  É  C  P  Ö
A  L  U  Z  E  B  K  B  V  J  O  L  K  G
R  Ö  K  I  D  A  E  R  C  P  B  A  E  A
O  V  P  R  E  U  R  E  V  E  V  C  L  K
K  S  U  P  H  R  E  P  F  K  S  R  F  F
W  Y  V  F  C  V  K  I  T  Ú  T  K  M  T
I  V  M  N  T  U  V  H  D  P  V  A  W  A
```

SAROK	VONAL
ÍV	OVÁLIS
ÉLEK	PIRAMIS
KÖR	POLIGON
HENGER	PRIZMA
KÚP	NÉGYZET
KOCKA	TÉGLALAP
ELLIPSZIS	KEREK
HIPERBOLA	GÖMB
OLDAL	HÁROMSZÖG

76 - Oceano

```
S  P  B  V  B  S  W  W  A  U  O  L  W  J
Z  O  A  L  O  I  X  A  C  U  Z  E  Z  F
I  L  S  Ő  N  K  E  T  D  D  L  K  F  R
V  I  T  V  L  Á  O  G  I  W  O  L  Y  J
A  P  S  V  T  R  U  R  U  A  D  S  W  S
C  Á  O  Ó  J  A  H  A  N  L  Á  B  T
S  R  S  J  E  L  A  H  Z  L  C  Á  P  A
C  A  Z  O  L  É  U  I  Ú  O  L  D  Z  X
A  P  T  N  M  N  P  V  D  G  R  T  G  L
F  Á  R  E  Y  R  Y  O  E  N  L  Á  S  S
U  L  I  D  Z  A  K  L  M  A  V  Z  K  B
P  Y  G  K  N  G  H  U  L  L  Á  M  O  K
I  I  A  M  W  P  Z  Á  T  O  N  Y  L  R
D  E  L  F  I  N  T  O  N  H  A  L  B  N
```

ANGOLNA	OSZTRIGA
BÁLNA	HAL
HAJÓ	POLIP
KORALL	SÓ
DELFIN	ZÁTONY
GARNÉLARÁK	SZIVACS
RÁK	CÁPA
ÁRAPÁLY	TEKNŐS
MEDÚZA	VIHAR
HULLÁMOK	TONHAL

77 - Creatività

```
G  A  N  F  E  É  É  L  E  T  E  R  Ő  P
Á  I  I  A  M  Á  R  D  P  L  B  D  N  M
S  W  O  G  L  S  I  Z  S  É  V  Ű  M  W
S  U  Ó  I  C  Á  Z  N  E  Z  S  M  V  N
O  K  E  T  E  L  T  Ö  Ó  L  Á  N  Y  S
G  É  S  S  E  L  E  T  I  H  M  J  N  P
Á  P  V  G  D  T  C  E  C  K  O  E  O  O
L  Z  É  Í  V  W  J  L  Í  É  Y  Y  K  N
I  E  W  K  Z  H  W  H  U  S  N  F  É  T
V  L  O  L  D  I  L  I  T  Z  E  R  L  Á
X  E  Y  X  K  N  Ó  G  N  S  B  V  Á  N
H  T  V  C  H  Y  R  K  I  É  U  G  L  T
K  I  F  E  J  E  Z  É  S  G  K  D  A  C
F  O  L  Y  É  K  O  N  Y  S  Á  G  T  P
```

KÉSZSÉG
MŰVÉSZI
HITELESSÉG
VILÁGOSSÁG
DRÁMAI
ÉRZELMEK
KIFEJEZÉS
FOLYÉKONYSÁG
ÖTLETEK
KÉPZELET

KÉP
BENYOMÁS
INTUÍCIÓ
TALÁLÉKONY
IHLET
SZENZÁCIÓ
SPONTÁN
VÍZIÓK
ÉLETERŐ

78 - Veicoli

```
R O T O M B G F K W T J C F
Z E D S A U C L E T Y A O R
H K P O A S W Ó R T E M X K
R A F Ü B Z P K É A L P S I
A M J J L J F O K N A H R M
K B Ó Ó C Ő Ó M P O K E C U
É R T A V R G P Á V Ó L K G
T A U T Ó O O É R F K I A I
A J A T U T B R P B O K M D
Z L Ő P M K O P X F C O I U
K C T A M A R T O R S P O A
C I N O G R U F Y K I T N B
U B E L W T V C J H C E J S
L N M G K W T F I F B R O U
```

REPÜLŐGÉP	METRÓ
MENTŐAUTÓ	MOTOR
AUTÓ	GUMIK
BUSZ	RAKÉTA
HAJÓ	ROBOGÓ
KERÉKPÁR	TAXI
KAMION	KOMP
LAKÓKOCSI	TRAKTOR
HELIKOPTER	VONAT
FURGON	TUTAJ

79 - Natura

```
R  E  S  C  C  E  L  G  U  Y  N  T  F  V
M  É  H  E  K  Á  O  S  Ó  R  X  Y  O  C
N  W  U  O  R  L  M  U  I  X  F  K  L  G
H  F  R  L  C  L  B  K  Z  V  F  Ö  Y  Y
U  W  Z  D  G  A  O  I  Ó  S  A  D  Ó  D
Ő  K  L  B  I  T  Z  M  R  Z  J  T  T  I
D  E  R  Ű  S  O  A  A  E  E  E  D  A  H
R  H  N  A  U  K  T  N  E  N  P  X  Y  G
E  T  R  S  P  M  O  I  L  T  B  D  G  É
M  P  V  X  Ó  K  V  D  U  É  N  X  D  S
T  M  A  E  R  T  I  A  D  L  A  W  Y  P
S  N  D  Z  T  R  G  J  X  Y  E  A  X  É
T  M  E  N  E  D  É  K  E  Y  G  E  H  Z
F  E  L  H  Ő  K  A  F  E  P  J  E  V  S
```

ÁLLATOK	GLECCSER
MÉHEK	HEGYEK
SZÉPSÉG	KÖD
SIVATAG	FELHŐK
DINAMIKUS	MENEDÉK
ERÓZIÓ	SZENTÉLY
FOLYÓ	VAD
LOMBOZAT	DERŰS
ERDŐ	TRÓPUSI

80 - Balletto

```
G  Z  E  N  E  G  T  E  C  H  N  I  K  A
É  Y  J  Ő  Z  R  E  Z  S  E  N  E  Z  V
S  G  A  Ő  E  H  A  S  U  L  Í  T  S  R
N  I  B  K  E  E  M  I  Z  S  É  V  Ű  M
Ö  Y  Ó  O  O  C  O  W  I  T  S  F  B  Z
Z  L  R  M  U  R  S  P  A  T  U  R  A  E
Ö  R  P  Z  J  W  L  E  J  P  M  S  L  N
K  V  R  I  S  A  X  A  S  E  T  K  E  E
S  S  Á  T  I  Z  N  E  T  N  I  W  R  K
K  É  S  Z  S  É  G  T  R  X  R  C  I  A
K  O  R  E  O  G  R  Á  F  I  A  W  N  R
T  Á  N  C  O  S  O  K  Z  Y  Y  M  A  C
K  I  F  E  J  E  Z  Ő  I  T  R  F  X  E
X  Y  Z  S  N  M  W  W  O  Y  H  M  W  A
```

KÉSZSÉG	INTENZITÁS
TAPS	IZMOK
MŰVÉSZI	ZENE
BALERINA	ZENEKAR
TÁNCOSOK	GYAKORLAT
ZENESZERZŐ	PRÓBA
KOREOGRÁFIA	KÖZÖNSÉG
KIFEJEZŐ	RITMUS
GESZTUS	STÍLUS
KECSES	TECHNIKA

81 - Paesi #1

```
M  S  F  E  F  K  K  L  K  R  G  I  N  I
A  Z  I  T  H  B  A  E  A  O  O  S  É  G
R  E  N  O  M  A  M  N  N  M  E  U  M  I
O  N  N  H  I  X  B  G  A  Á  G  M  E  N
K  E  O  Z  R  N  O  Y  D  N  Y  A  T  D
K  G  R  X  A  M  D  E  A  I  I  L  O  I
Ó  Á  S  J  L  J  Z  L  I  A  P  I  R  A
O  L  Z  L  E  X  S  O  G  M  T  V  S  I
A  Y  Á  Y  U  J  A  R  É  A  O  I  Z  L
C  C  G  K  Z  V  L  S  V  N  M  E  Á  Í
I  Z  R  A  E  L  Í  Z  R  A  J  T  G  Z
B  W  J  R  N  D  B  Á  O  P  V  N  V  A
O  W  R  I  E  Z  I  G  N  D  P  A  W  R
M  B  K  Z  V  W  A  U  X  B  H  M  O  B
```

BRAZÍLIA	MALI
KAMBODZSA	MAROKKÓ
KANADA	NORVÉGIA
EGYIPTOM	PANAMA
FINNORSZÁG	LENGYELORSZÁG
NÉMETORSZÁG	ROMÁNIA
INDIA	SZENEGÁL
IRAK	VENEZUELA
IZRAEL	VIETNAM
LÍBIA	

82 - Geometria

```
V M O J H C V W D Z I Z R Y
Í B R C X J L O I V L P G X
Z H S W K Ö R L M Á Z S M I
S N Á I D E M T E L Ü L E F
Z A Ő R É M T Á N X Y M T G
I S R R O I P K Z G B J E Á
N Z E Á H M N C I G J U B S
T E L F N B S K Ó V J R T S
E G M X I Y O Z L O G I K A
S M É M H I L K Ö R G K Y G
T E L N E Y G E P G Ö Z S A
E N E S Z I M M E T R I A M
Y S T S Á T Í M Á Z S B P B
T E E Y O L Z V E F R C B K
```

MAGASSÁG	MEDIÁN
SZÖG	SZÁM
SZÁMÍTÁS	VÍZSZINTES
KÖR	ARÁNY
ÍV	SZEGMENS
ÁTMÉRŐ	SZIMMETRIA
DIMENZIÓ	FELÜLET
EGYENLET	ELMÉLET
LOGIKA	HÁROMSZÖG

83 - Edifici

```
R  D  R  G  O  U  K  Ó  R  H  Á  Z  E  N
P  R  H  F  B  Y  Z  K  M  O  H  G  X  A
X  R  U  N  F  D  N  J  U  P  T  E  S  G
S  Y  N  I  Y  E  N  O  I  D  A  T  S  Y
H  Y  L  B  M  G  F  M  R  Á  Y  G  Z  K
S  Á  K  A  L  Y  G  Ú  Ó  O  U  L  Á  Ö
Z  X  T  K  X  E  Á  Z  T  B  T  Y  L  V
Í  A  Y  M  Z  T  S  E  A  F  F  P  L  E
N  H  V  T  E  E  A  U  R  A  H  W  O  T
H  O  X  Á  O  M  D  M  O  O  A  F  D  S
Á  B  V  S  R  R  Z  L  B  Y  T  M  A  É
Z  I  S  K  O  L  A  A  A  I  J  Á  D  G
S  Z  Á  L  L  Ó  G  P  L  S  A  W  S  R
X  T  C  Y  M  O  Z  I  K  L  P  A  P  P
```

NAGYKÖVETSÉG	MÚZEUM
LAKÁS	KÓRHÁZ
KABIN	SZÁLLÓ
VÁR	ISKOLA
MOZI	STADION
GYÁR	SZÍNHÁZ
GAZDASÁG	SÁTOR
PAJTA	TORONY
SZÁLLODA	EGYETEM
LABORATÓRIUM	

84 - Paesi #2

```
K G N E X X O F H Y V N L H
Z J C T J A M A I C A E A T
D I A I N Á B L A V P P O C
P I O Ó U K R A J N A Á S G
A P S P P L W O R H T L Z Á
K S Z I Í Z L G A R K N V Z
I Z U A I R É G I N T Y J S
S Í D A S E O D Á N I A I R
Z R Á G Á Z S R O Z S O R O
T I N Á P A J K S Z V R H G
Á A L I B É R I A Z S R A Ö
N U G A N D A D S N Á Y I R
I N D O N É Z I A P U G T Ö
D S X W I W M E X I K Ó I G
```

ALBÁNIA	LIBÉRIA
DÁNIA	MEXIKÓ
ETIÓPIA	NEPÁL
JAMAICA	NIGÉRIA
JAPÁN	PAKISZTÁN
GÖRÖGORSZÁG	OROSZORSZÁG
HAITI	SZÍRIA
INDONÉZIA	SZUDÁN
ÍRORSZÁG	UKRAJNA
LAOSZ	UGANDA

85 - Tipi di Capelli

```
G  B  X  Y  F  S  I  M  A  M  C  P  S  G
J  E  B  X  T  Ü  T  R  R  H  A  S  Z  Ö
L  E  I  E  X  H  R  É  H  E  F  Z  Ü  N
V  K  R  L  H  J  E  T  E  K  E  F  R  D
M  K  F  M  H  D  I  V  Ö  R  F  E  K  Ö
K  O  P  A  S  Z  H  D  Z  K  F  G  E  R
K  K  R  F  G  A  K  Z  S  V  O  É  K  A
I  S  M  R  P  U  H  A  I  O  N  S  Ő  U
H  T  S  Ü  Z  E  S  R  N  U  O  Z  Z  H
G  L  Y  E  R  U  E  Á  Ó  R  T  S  S  O
V  É  K  O  N  Y  V  Z  R  H  T  É  F  S
B  A  R  N  A  Í  K  S  K  F  O  G  F  S
R  Z  X  X  N  H  Z  K  P  T  H  E  T  Z
P  S  S  C  G  A  T  S  A  V  S  S  Y  Ú
```

EZÜST	HOSSZÚ
SZÁRAZ	BARNA
FEHÉR	PUHA
SZŐKE	FEKETE
RÖVID	GÖNDÖR
KOPASZ	FÜRTÖK
SZÍNES	EGÉSZSÉGES
SZÜRKE	VÉKONY
FONOTT	VASTAG
SIMA	ZSINÓR

86 - Vestiti

```
P  P  D  T  J  W  C  G  K  N  D  L  R  T
K  A  R  K  Ö  T  Ő  T  P  I  V  I  L  V
K  M  K  K  W  C  N  Á  L  K  A  Y  N  S
A  A  S  Ö  R  P  A  E  Á  E  J  X  Y  G
B  S  H  T  N  Y  B  T  S  S  E  P  O  Á
Á  Z  J  É  W  N  Y  S  I  Z  R  V  K  R
T  I  Ö  N  F  R  N  Z  J  D  V  J  E  D
Ő  P  V  Y  H  Z  N  O  R  I  V  V  S  A
G  P  A  L  A  K  L  K  Y  U  X  F  Z  N
M  D  I  V  A  T  U  N  C  H  H  I  T  H
T  W  T  C  P  X  K  Y  W  D  F  A  Y  D
P  U  L  Ó  V  E  R  A  M  A  T  F  Ű  T
F  A  R  M  E  R  B  S  Z  A  N  D  Á  L
Z  T  H  T  B  L  Ú  Z  I  U  X  E  E  A
```

RUHA	KÖTÉNY
KARKÖTŐ	KESZTYŰ
BLÚZ	FARMER
ING	PULÓVER
KALAP	DIVAT
KABÁT	NADRÁG
ÖV	PIZSAMA
NYAKLÁNC	SZANDÁL
DZSEKI	CIPŐ
SZOKNYA	SÁL

87 - Attività e Tempo Libero

```
S  Á  D  O  K  R  Á  V  Ú  B  S  R  X  H
É  Z  F  T  Ú  R  Á  Z  Á  S  Á  I  A  A
D  G  Ö  U  T  E  N  I  S  Z  L  P  G  L
E  G  Y  R  T  K  Y  C  H  T  R  Z  X  Á
K  P  M  F  F  B  K  Ú  S  Z  Á  S  A  S
Z  I  F  T  J  Ö  A  C  I  E  S  K  D  Z
S  H  K  E  C  K  Z  L  Z  P  Á  O  B  A
É  E  E  Z  S  S  M  É  L  H  V  B  A  T
T  N  M  S  L  T  R  X  S  O  G  O  L  F
R  T  P  É  P  W  M  V  Y  B  N  L  R  K
E  E  I  V  O  T  I  É  R  B  O  H  Á  C
K  T  N  Ű  I  J  L  C  N  I  Z  L  S  K
W  Ő  G  M  J  X  P  P  G  Y  W  X  O  K
B  A  S  E  B  A  L  L  X  H  O  Y  K  B
```

MŰVÉSZET	HOBBI
BASEBALL	BÚVÁRKODÁS
KOSÁRLABDA	ÚSZÁS
BOKSZ	HALÁSZAT
FUTBALL	FESTMÉNY
KEMPING	PIHENTETŐ
TÚRÁZÁS	VÁSÁRLÁS
KERTÉSZKEDÉS	SZÖRFÖZÉS
GOLF	TENISZ

88 - Meteo

```
T  M  M  X  U  N  Y  X  O  S  X  M  U  O
O  E  O  N  L  Ő  L  L  E  Z  S  C  U  R
R  N  N  D  J  H  Á  Z  Z  I  T  J  E  F
N  N  S  Z  V  L  Z  Y  M  V  E  H  E  L
Á  Y  Z  O  I  E  S  I  R  Á  L  O  P  Z
D  D  U  S  H  F  A  S  C  R  K  M  P  E
Ó  Ö  N  J  A  R  W  U  O  V  É  R  W  É
É  R  V  S  R  D  H  P  T  Á  S  B  S  G
G  G  X  I  Z  W  G  Ó  E  N  R  S  G  H
J  É  O  J  L  Á  C  R  I  Y  É  L  B  A
M  S  J  J  S  L  R  T  C  K  M  P  R  J
C  G  Y  É  F  D  Á  A  M  Ö  Ő  O  B  L
E  R  Ö  K  G  É  L  M  Z  D  H  J  S  A
H  U  R  R  I  K  Á  N  S  Z  É  L  Y  T
```

SZIVÁRVÁNY	FELHŐ
SZÁRAZ	POLÁRIS
LÉGKÖR	ASZÁLY
SZELLŐ	HŐMÉRSÉKLET
ÉG	VIHAR
ÉGHAJLAT	TORNÁDÓ
VILLÁM	TRÓPUSI
JÉG	MENNYDÖRGÉS
MONSZUN	HURRIKÁN
KÖD	SZÉL

89 - Corpo Umano

```
F  Ü  L  X  V  Á  L  L  S  K  I  U  B  E
X  U  B  C  R  M  M  G  J  Z  É  O  Ő  B
T  É  R  D  N  S  Z  Í  V  Á  Á  Z  R  F
V  B  R  H  Y  G  A  P  F  L  A  J  X  G
Z  O  O  W  A  D  H  I  U  L  R  B  J  G
G  K  E  F  K  J  P  F  L  P  I  N  U  U
Y  A  F  R  Z  K  O  J  Á  G  C  A  Y  W
O  R  J  O  T  K  M  V  B  K  S  P  F  J
M  E  Z  S  T  Z  E  S  F  E  R  W  E  J
O  Y  N  W  H  R  K  Ö  N  Y  Ö  K  J  O
R  P  Y  V  G  F  I  Y  B  B  M  V  J  Y
A  G  G  U  A  N  V  R  W  V  A  F  S  V
A  Z  D  G  O  V  É  Z  I  W  F  E  W  Z
G  B  J  Y  U  C  R  A  O  M  Y  A  I  X
```

SZÁJ	KÉZ
BOKA	ÁLL
AGY	ORR
NYAK	SZEM
SZÍV	FÜL
UJJ	BŐR
ARC	VÉR
LÁB	VÁLL
TÉRD	GYOMOR
KÖNYÖK	FEJ

90 - Mammiferi

```
D E L E F Á N T U N M K S P
V E M M L S Á G W Z A U M K
A N L Á B O L O S O J T A Z
W H Ú F W L Z R A J O Y C X
A L Y C I X S I K M M A S D
R G N V Y N O L R Z E M K I
B I K A W T R L A A K D A F
E D L Ó J K O A F S T P V B
Z R J F Y U X S I C F I P E
A A B Á B Y H H R Ó K A G H
S Z A R V A S D É S K K U C
C V Y I H L N U R U G N E K
A O H S G V N F P O B E A M
V W U Z F A R K A S R Y L U
```

BÁLNA	ZSIRÁF
KUTYA	GORILLA
KENGURU	OROSZLÁN
LÓ	FARKAS
SZARVAS	MEDVE
NYÚL	JUH
PRÉRIFARKAS	MAJOM
DELFIN	BIKA
ELEFÁNT	RÓKA
MACSKA	ZEBRA

91 - Animali Domestici

```
U  K  H  N  F  S  Y  P  H  T  N  X  F  F
O  V  M  A  X  Ő  A  A  A  C  I  C  T  A
V  Í  Z  V  L  N  Ú  L  P  X  B  B  R
L  N  Á  D  F  K  Í  Y  G  R  A  P  Y  O
W  E  R  É  G  E  K  S  C  E  K  G  S  K
U  J  Ó  M  X  T  B  Z  M  Z  S  Ö  Á  T
A  V  P  P  V  T  K  L  A  S  C  S  P  J
Y  H  G  M  D  B  I  U  N  I  A  C  G  Y
T  E  H  É  N  S  S  G  C  M  M  R  Z  X
U  O  Y  W  P  W  K  A  S  L  B  Ö  P  E
K  K  J  X  E  D  U  L  O  E  I  H  K  X
R  U  J  B  D  N  T  L  K  L  G  Z  A  A
H  P  E  O  T  H  Y  É  N  É  P  Y  C  C
L  V  C  O  W  Z  A  R  L  L  S  C  M  J
```

VÍZ	MACSKA
KUTYA	PÓRÁZ
KECSKE	GYÍK
ÉLELMISZER	TEHÉN
FAROK	PAPAGÁJ
GALLÉR	HAL
NYÚL	TEKNŐS
HÖRCSÖG	EGÉR
KISKUTYA	MANCSOK
CICA	

92 - Cucina

```
K  S  H  Ű  T  Ő  S  Z  E  K  R  É  N  Y
A  Z  I  A  P  T  S  É  V  V  K  C  M  N
N  A  J  M  C  Ű  Z  L  W  Í  H  S  E  É
A  L  Á  T  M  H  I  E  P  Z  O  É  R  T
L  V  A  Z  E  Y  V  L  X  F  Y  S  Ő  Ö
A  É  V  R  B  L  A  M  Z  O  W  Z  K  K
K  T  R  I  H  É  C  I  K  R  B  É  A  E
W  A  Z  E  L  M  S  S  O  R  K  K  N  R
S  N  U  M  C  L  T  Z  R  A  É  W  Á  E
V  Ü  I  N  N  E  A  E  S  L  S  H  L  Z
N  N  T  S  P  W  P  R  Ó  Ó  E  C  M  S
L  R  D  Ő  U  K  S  T  C  F  K  M  R  Ű
A  K  A  N  C  S  Ó  G  R  I  L  L  T  F
R  L  R  I  F  Z  K  C  Z  R  S  X  L  Y
```

VÍZFORRALÓ	KÖTÉNY
KANCSÓ	GRILL
ÉLELMISZER	ENNI
TÁL	MERŐKANÁL
KÉSEK	RECEPT
MÉLYHŰTŐ	FŰSZEREK
KANALAK	SZIVACS
VILLA	CSÉSZÉK
SÜTŐ	SZALVÉTA
HŰTŐSZEKRÉNY	KORSÓ

93 - Giardinaggio

```
P  T  L  V  O  A  W  V  Y  V  P  E  P  H
I  A  O  I  T  H  R  J  U  D  I  J  S  Z
S  R  M  R  O  K  O  S  C  W  G  R  W  X
Z  T  B  Á  K  O  M  P  O  S  Z  T  Á  M
O  Á  O  G  O  W  T  A  L  A  J  E  S  G
K  L  Z  O  X  A  E  K  É  N  U  G  Z  O
É  Y  A  S  P  M  Y  I  V  A  C  Z  E  X
S  G  T  C  L  A  Y  N  E  I  U  O  Z  G
F  U  H  V  P  G  J  A  L  V  X  T  O  T
U  C  B  A  A  O  Ő  T  E  H  E  I  N  Ö
Y  D  K  V  J  K  S  O  V  S  F  K  Á  M
T  N  O  G  Í  L  Y  B  S  N  M  U  L  L
B  R  J  U  D  Z  A  F  A  J  F  S  I  Ő
V  L  A  B  U  C  B  T  X  Y  W  K  S  Z
```

VÍZ	LEVÉL
BOTANIKA	LOMBOZAT
ÉGHAJLAT	CSOKOR
EHETŐ	MAGOK
KOMPOSZT	FAJ
TARTÁLY	PISZOK
EGZOTIKUS	SZEZONÁLIS
VIRÁG	TALAJ
VIRÁGOS	TÖMLŐ

94 - Universo

```
L  W  V  D  R  H  E  D  A  I  F  U  Á  K
U  É  F  N  N  X  O  L  G  N  V  E  L  O
J  K  G  E  K  U  A  S  É  A  N  F  L  Z
M  G  É  K  I  C  L  I  S  P  B  N  A  M
É  G  I  E  Ö  P  E  X  T  Z  Y  G  T  I
G  W  N  T  C  R  O  A  É  S  Ú  É  Ö  K
R  J  L  L  Y  S  H  L  T  Á  V  S  V  U
P  U  M  É  V  C  E  A  Ö  G  H  S  Á  S
K  Á  G  F  V  H  C  G  S  A  C  E  O  G
A  E  L  T  Á  V  C  S  Ő  L  F  L  N  V
O  A  V  Y  H  O  L  D  X  L  L  É  J  U
R  W  Ó  T  A  H  T  Á  L  I  L  Z  I  S
G  A  D  I  O  R  E  T  Z  S  A  S  X  S
H  O  R  I  Z  O  N  T  Y  C  I  V  R  V
```

ASZTEROIDA	SZÉLESSÉG
CSILLAGÁSZ	HOSSZÚSÁG
LÉGKÖR	HOLD
SÖTÉTSÉG	PÁLYA
ÉGI	HORIZONT
ÉG	NAP
KOZMIKUS	TÁVCSŐ
FÉLTEKE	LÁTHATÓ
GALAXIS	ÁLLATÖV

95 - Jazz

```
M  H  A  N  G  S  Ú  L  Y  V  C  P  H  P
Ű  A  N  O  U  K  O  N  C  E  R  T  G  N
F  C  H  K  D  C  U  K  L  M  G  G  M  M
A  G  X  D  Ő  Z  R  E  Z  S  E  N  E  Z
J  U  T  Z  E  C  Y  D  W  S  E  R  Í  H
Ú  Ó  I  C  Á  Z  I  V  O  R  P  M  I  Z
A  D  A  L  N  R  G  E  J  S  J  A  U  R
L  Z  O  C  V  H  É  N  S  U  L  Í  T  S
B  E  R  L  B  D  R  C  O  M  F  M  P  U
U  N  A  G  É  S  T  E  H  E  T  Ű  O  M
M  E  O  S  V  J  H  K  C  K  Y  V  B  T
Ö  S  S  Z  E  T  É  T  E  L  J  É  X  I
Z  E  N  E  K  A  R  H  V  W  M  S  F  R
T  E  C  H  N  I  K  A  H  W  R  Z  B  Z
```

ALBUM	IMPROVIZÁCIÓ
TAPS	ZENE
MŰVÉSZ	ÚJ
DAL	ZENEKAR
ZENESZERZŐ	KEDVENCEK
ÖSSZETÉTEL	RITMUS
KONCERT	STÍLUS
HANGSÚLY	TEHETSÉG
HÍRES	TECHNIKA
MŰFAJ	RÉGI

96 - Vacanze #2

```
T G R E G N E T A E D F W S
É C E W X R T P R I N O W Z
R W P S Z Á L L O D A T J Á
K P Ü U L Z N I T L R Ó Z L
É S L H X A K M Á Ö T K X L
P Á Ő I R H F R S F S E I Í
O Z T E G I Z S H L G Y T T
Ú A É A C S J E T Ü X G A Á
V T R G N I P M E K I E X S
Í U L U L O Z D L Z S H I K
Z W O E H B V É T T E R E M
U H P W V S Z A B A D I D Ő
M U L H C É N Y A R A L Á S
A F K X C Y L E V G P B K I
```

REPÜLŐTÉR	STRAND
KEMPING	KÜLFÖLDI
FOTÓK	TAXI
SZÁLLODA	SZABADIDŐ
SZIGET	SÁTOR
TÉRKÉP	SZÁLLÍTÁS
TENGER	VONAT
HEGYEK	NYARALÁS
ÚTLEVÉL	UTAZÁS
ÉTTEREM	VÍZUM

97 - Attività

```
F  S  K  É  Z  M  Ű  V  E  S  S  É  G  V
O  É  N  P  G  B  E  M  R  C  C  L  J  X
L  D  N  R  E  J  T  V  É  N  Y  E  K  E
V  E  S  Y  R  A  N  E  K  Á  P  P  I  O
A  K  K  T  K  A  I  X  D  T  A  Y  V  K
S  Z  V  E  D  É  T  G  É  S  Z  S  É  K
Á  S  A  Z  R  Y  P  J  Á  T  É  K  O  K
S  É  D  S  K  Á  P  E  B  M  Ö  R  Ö  T
Á  T  Á  É  E  U  M  F  Z  M  D  L  N  Ú
R  R  S  V  M  Z  Z  I  X  É  U  A  C  R
R  E  Z  Ű  P  O  E  X  A  D  S  E  L  Á
A  K  A  M  I  H  A  L  Á  S  Z  A  T  Z
V  N  T  R  N  R  M  L  R  A  G  F  S  Á
G  B  L  A  G  Z  Y  P  H  B  G  A  Y  S
```

KÉSZSÉG
MŰVÉSZET
KÉZMŰVESSÉG
VADÁSZAT
KEMPING
KERÁMIA
VARRÁS
TÁNC
TÚRÁZÁS

FÉNYKÉPEZÉS
KERTÉSZKEDÉS
JÁTÉKOK
OLVASÁS
MÁGIA
HALÁSZAT
ÖRÖM
REJTVÉNYEK

98 - Diplomazia

```
S  Z  E  R  Z  Ő  D  É  S  A  K  I  T  E
G  F  S  U  T  K  I  L  F  N  O  K  G  B
F  E  L  B  O  N  T  Á  S  V  R  J  G  I
K  O  R  Á  G  L  O  P  A  I  M  I  É  Z
X  Ö  P  S  S  N  L  V  K  T  Á  R  S  T
V  D  Z  G  F  X  L  A  I  A  N  Á  T  O
S  É  D  Ö  K  Ű  M  T  T  Ü  Y  G  E  N
F  Y  B  B  S  N  P  F  I  I  Z  L  V  S
P  B  I  B  O  S  D  P  L  L  G  O  Ö  Á
O  J  O  C  V  X  É  A  O  H  G  P  K  G
O  C  J  L  I  K  R  G  P  N  T  I  Y  R
I  N  T  E  G  R  I  T  Á  S  L  U  G  B
D  I  P  L  O  M  Á  C  I  A  I  Z  A  B
M  E  G  O  L  D  Á  S  F  R  O  B  N  M
```

NAGYKÖVETSÉG	ETIKA
POLGÁROK	KORMÁNY
POLGÁRI	INTEGRITÁS
KÖZÖSSÉG	POLITIKA
KONFLIKTUS	FELBONTÁS
EGYÜTTMŰKÖDÉS	BIZTONSÁG
DIPLOMÁCIAI	MEGOLDÁS
VITA	SZERZŐDÉS

99 - Forniture Artistiche

```
K  F  C  F  R  J  U  B  F  N  N  Y  Y  S
N  E  A  P  A  S  Z  T  E  L  L  K  Ó  P
K  C  Y  S  C  N  F  Ö  C  H  P  A  T  C
R  S  N  I  Z  F  B  T  S  C  P  J  Z  V
E  E  Á  F  L  É  B  L  Z  E  R  H  S  Y
A  T  V  F  A  X  N  E  É  Í  P  A  P
T  E  L  S  T  U  W  T  K  U  M  T  G  V
I  K  L  R  Z  W  R  E  E  Z  M  J  A  Y
V  O  Á  C  S  Í  R  K  O  Á  R  I  R  A
I  V  Ő  L  A  G  N  O  V  K  A  S  T  R
T  Í  T  I  N  T  A  E  B  E  D  R  K  E
Á  Z  S  R  O  L  A  J  K  E  Í  G  P  M
S  O  E  K  A  G  Y  A  G  L  R  X  S  A
I  J  F  A  A  K  V  A  R  E  L  L  E  K
```

VÍZ
AKVARELLEK
AKRIL
AGYAG
FASZÉN
PAPÍR
FESTŐÁLLVÁNY
RAGASZTÓ
SZÍNEK
KREATIVITÁS

RADÍR
ÖTLETEK
TINTA
CERUZÁK
OLAJ
PASZTELL
SZÉK
ECSETEK
ASZTAL
KAMERA

100 - Misurazioni

```
G É S S E L É Z S V H R M G
R P M T H G E A T Ö M E G B
A E M J I O W A N N O T C X
M R A Á M Z S J I V L É K W
M C R B A M E S P M I M C T
D N G F G F É D Z H T O E X
C U O K A O J L E V E L N S
S Ú L Y S K K O Y S R I T K
M G I L S O Y G D S D K I K
É M K E Á Z F Y V P É S M Y
R Z T V G A U N C I A G É F
Ő S O Ü M T R X V G T S T K
T R C H Y D M V F G J I E M
P F W N Z V R M O T F F R B
```

MAGASSÁG
BÁJT
CENTIMÉTER
KILOGRAMM
KILOMÉTER
TIZEDES
FOKOZAT
GRAMM
SZÉLESSÉG
LITER

HOSSZ
TÖMEG
MÉRŐ
PERC
UNCIA
SÚLY
PINT
HÜVELYK
MÉLYSÉG
TONNA

1 - Scacchi

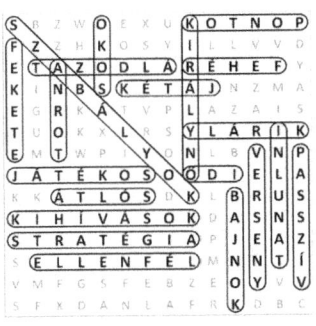

2 - Salute e Benessere #2

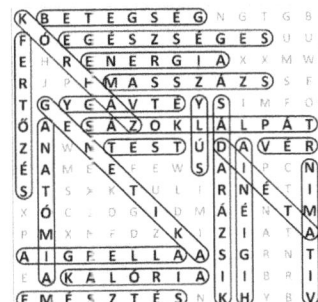

3 - Aggettivi #2

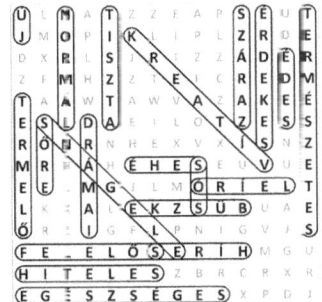

4 - Ingegneria

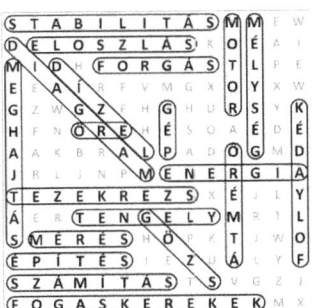

5 - Archeologia

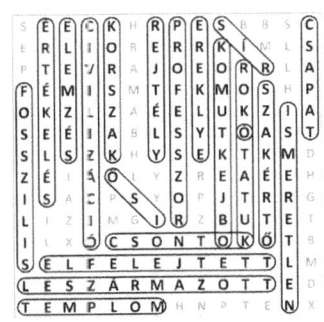

6 - Salute e Benessere #1

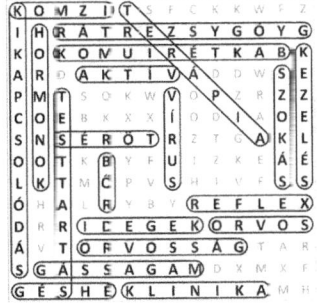

7 - Aggettivi #1

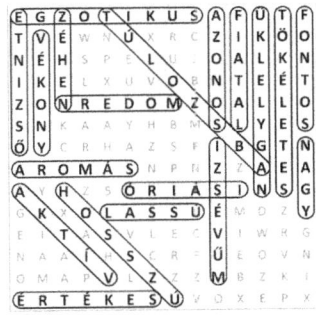

8 - Geologia

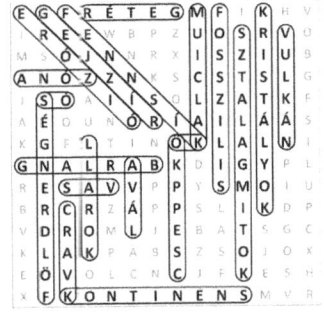

9 - Campeggio

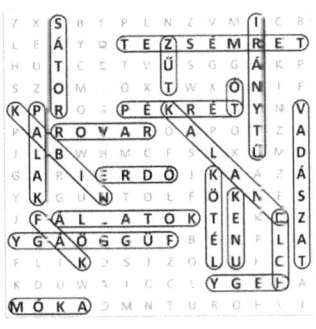

10 - Arti Visive

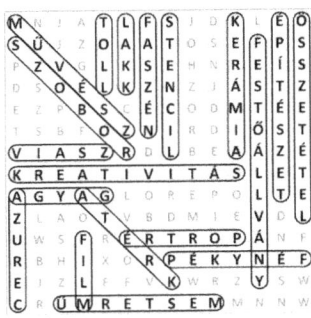

11 - Tempo

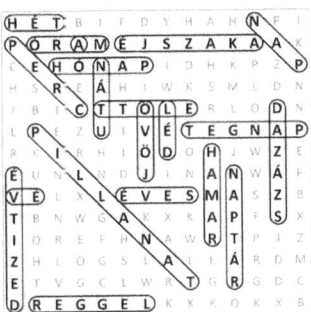

12 - Astronomia

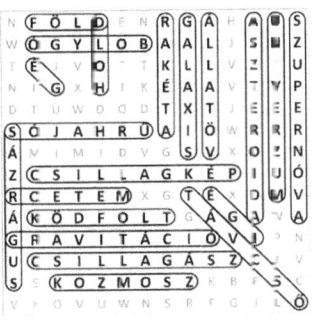

13 - Circo

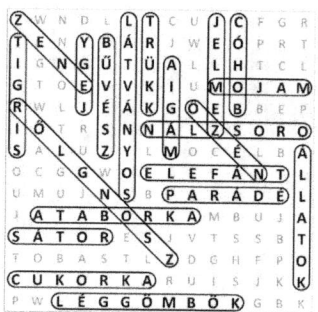

14 - Algebra

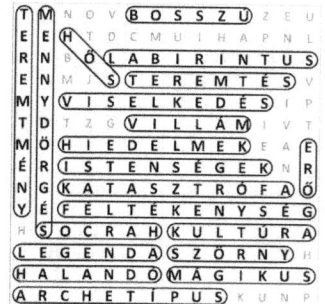

15 - Mitologia

16 - Piante

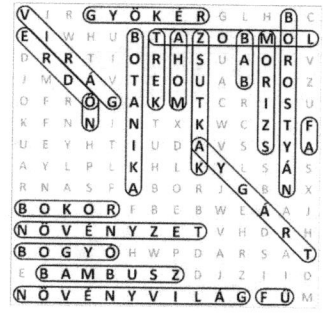

17 - Spezie

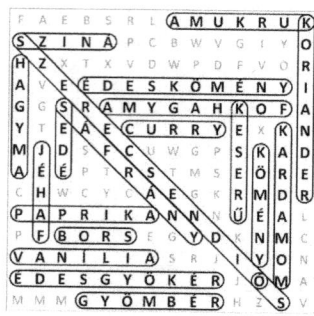

18 - Numeri

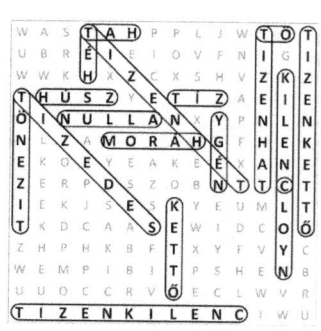

19 - Cioccolato

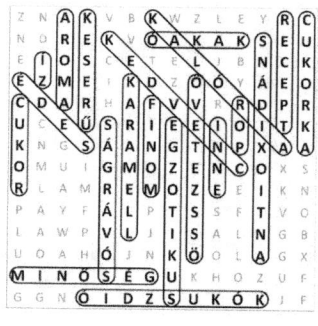

20 - Guida

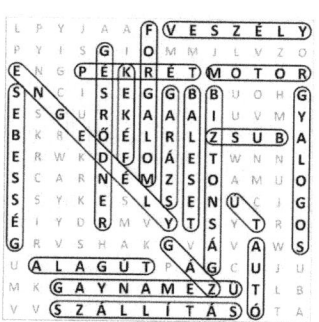

21 - I Media

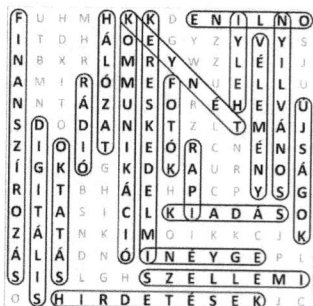

22 - Forza e Gravità

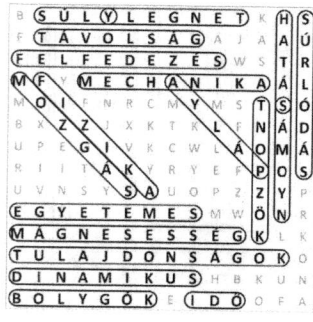

23 - Sport

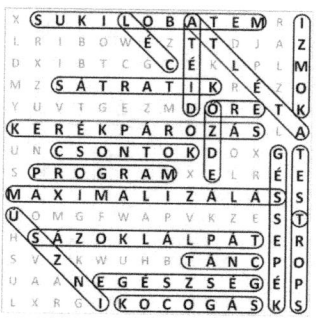

24 - Caffè

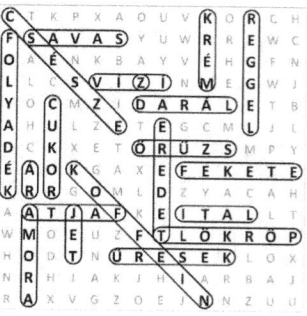

25 - Uccelli

26 - Giorni e Mesi

27 - Casa

28 - Ristorante #1

29 - Fantascienza

30 - Città

31 - Fattoria #1

32 - Psicologia

33 - Paesaggi

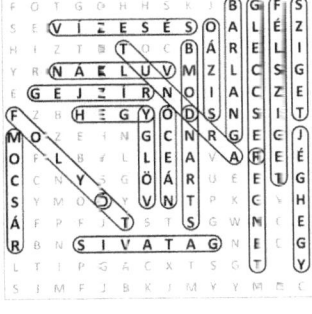

34 - Energia

35 - Ristorante #2

36 - Moda

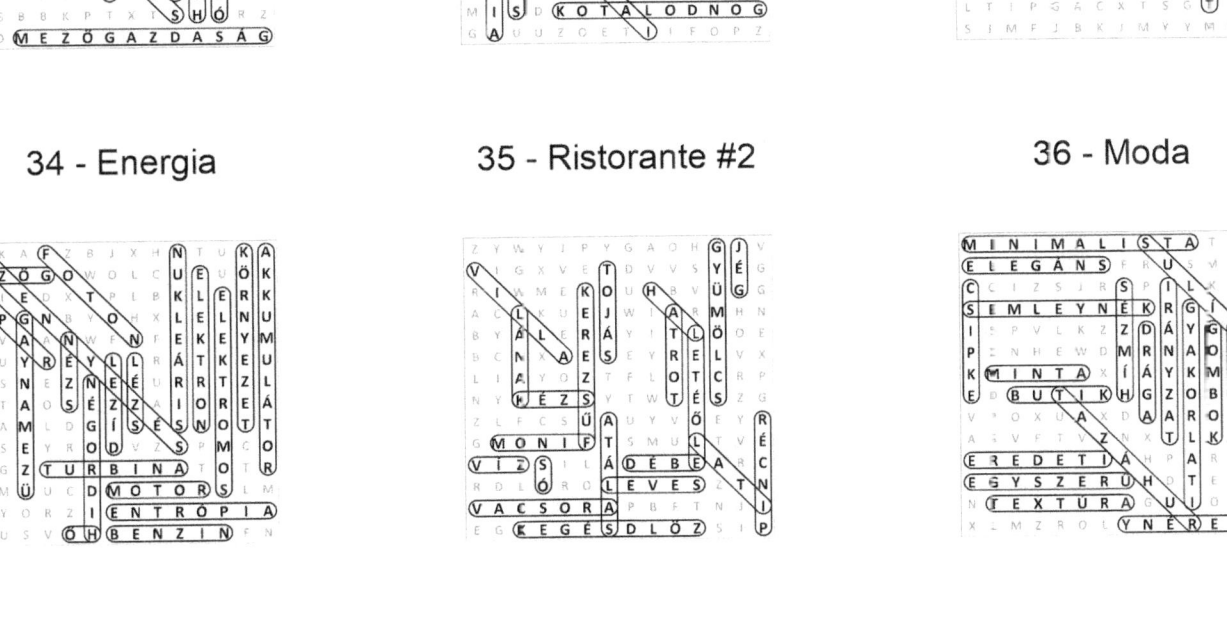

37 - L'Azienda

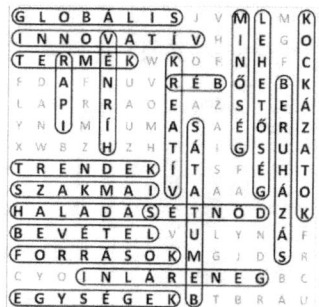

38 - Giardino

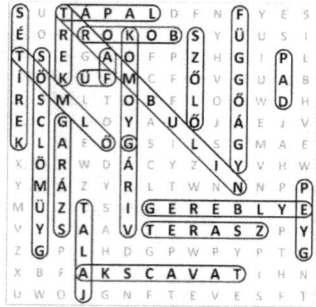

39 - Frutta

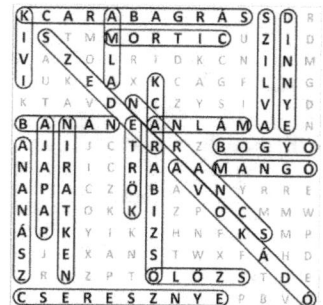

40 - Fattoria #2

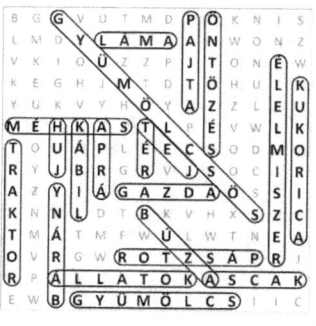

41 - Verdure

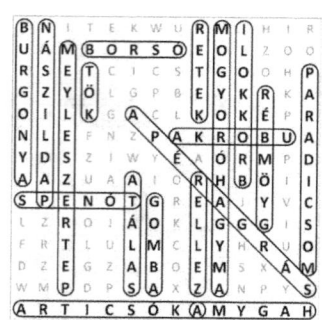

42 - Musica

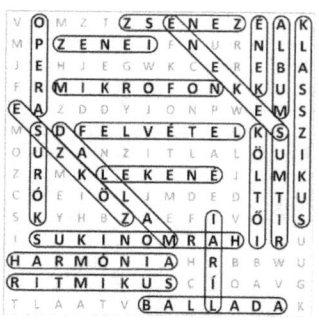

43 - Barbecue

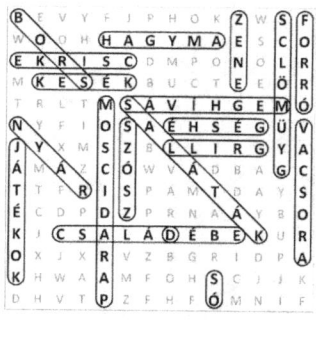

44 - Fisica

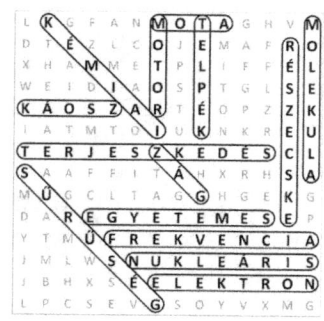

45 - Erboristeria

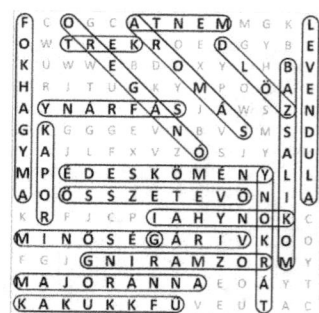

46 - Attività Commerciale

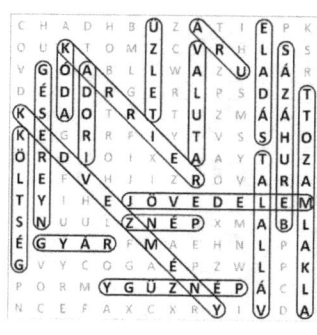

47 - Fiori

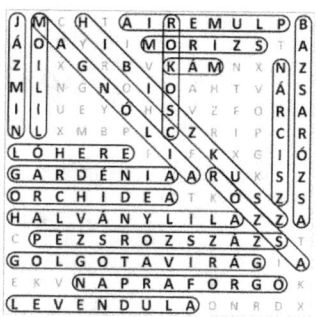

48 - Filantropia

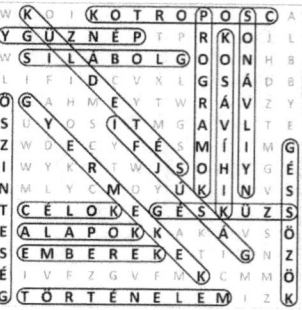

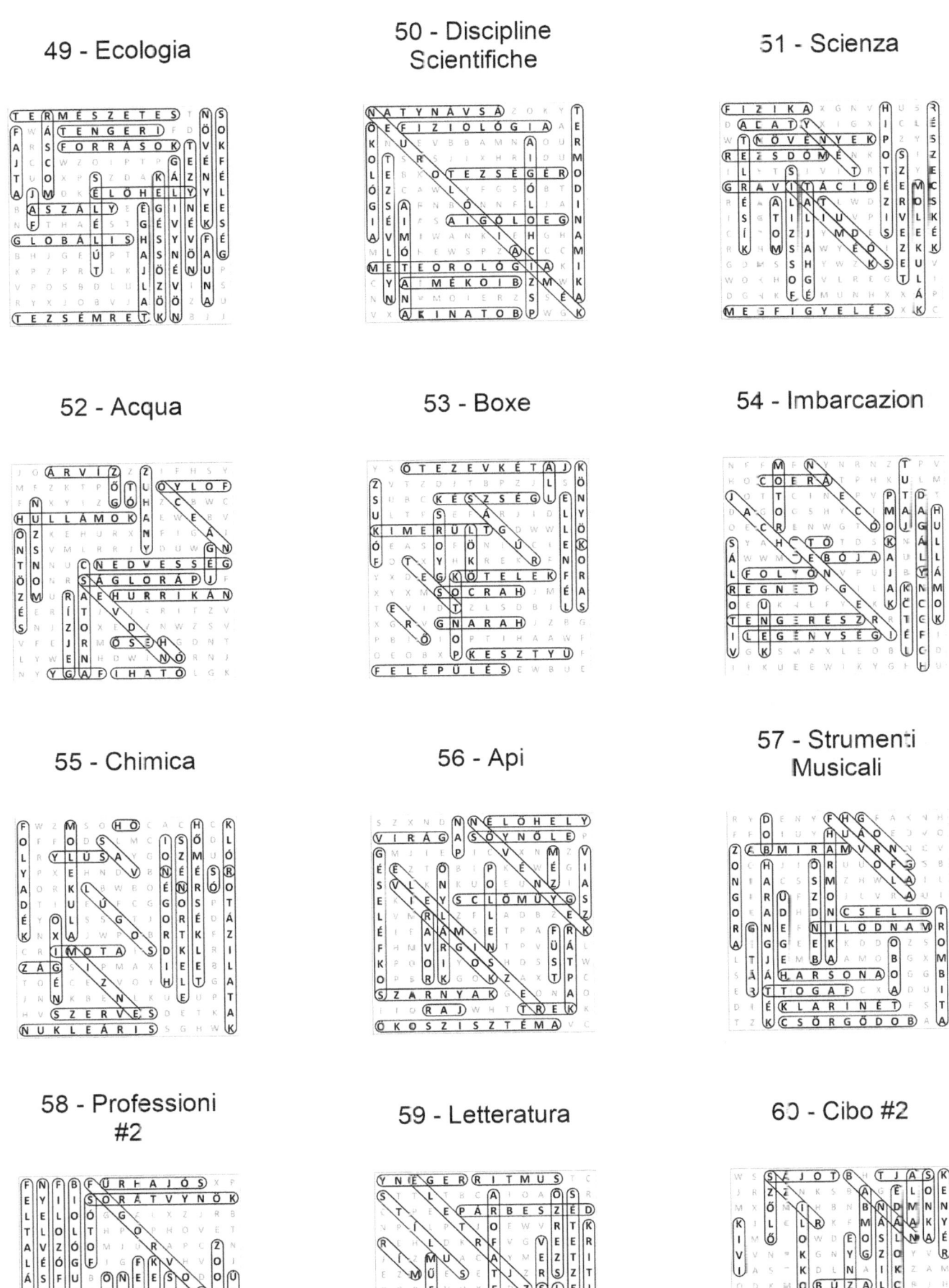

49 - Ecologia

50 - Discipline Scientifiche

51 - Scienza

52 - Acqua

53 - Boxe

54 - Imbarcazion

55 - Chimica

56 - Api

57 - Strumenti Musicali

58 - Professioni #2

59 - Letteratura

60 - Cibo #2

61 - Nutrizione

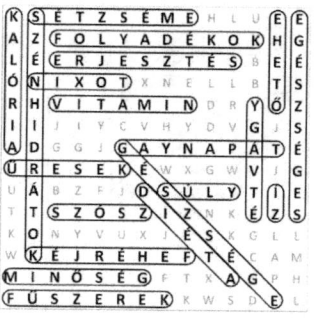

62 - Matematica

63 - Meditazione

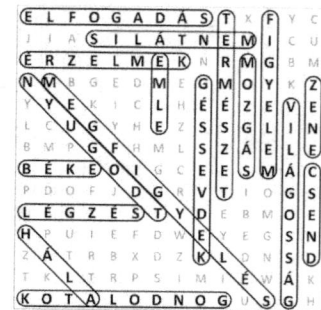

64 - Antiquariato

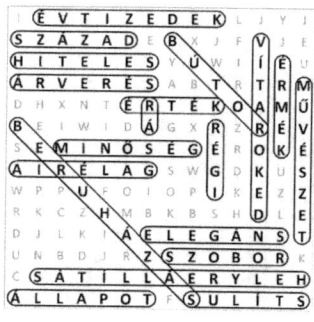

65 - Escursionismo

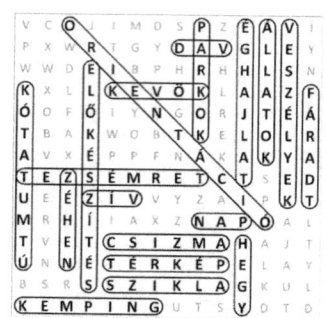

66 - Professioni #1

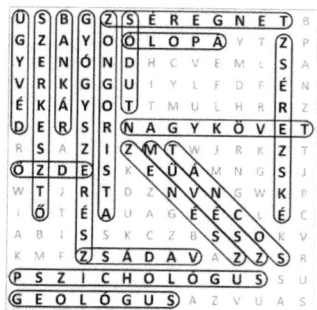

67 - Antartide

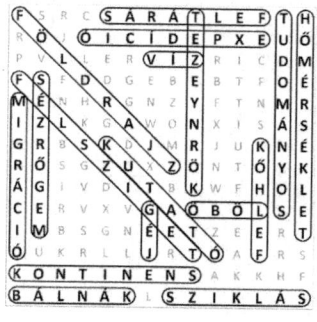

68 - Libri

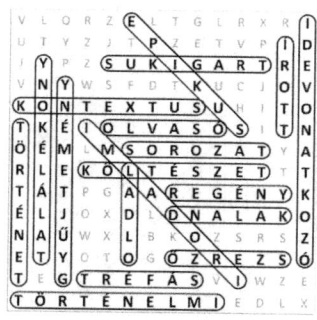

69 - Geografia

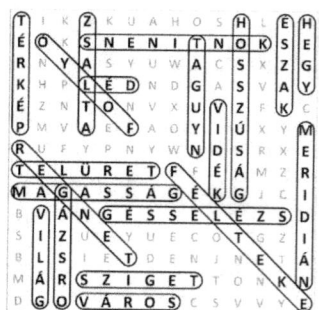

70 - Cibo #1

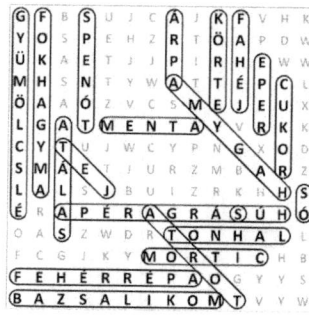

71 - Aeroplani

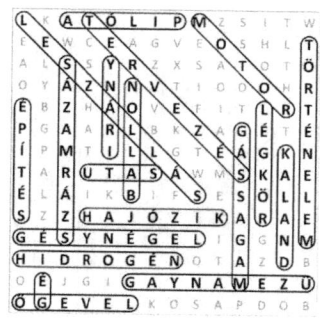

72 - Governo

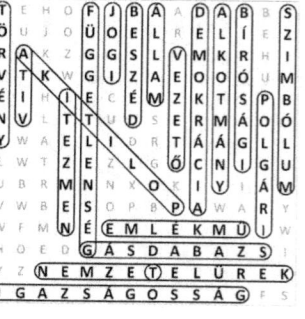

73 - Bellezza

74 - Avventura

75 - Forme

76 - Oceano

77 - Creatività

78 - Veicoli

79 - Natura

80 - Balletto

81 - Paesi #1

82 - Geometria

83 - Edifici

84 - Paesi #2

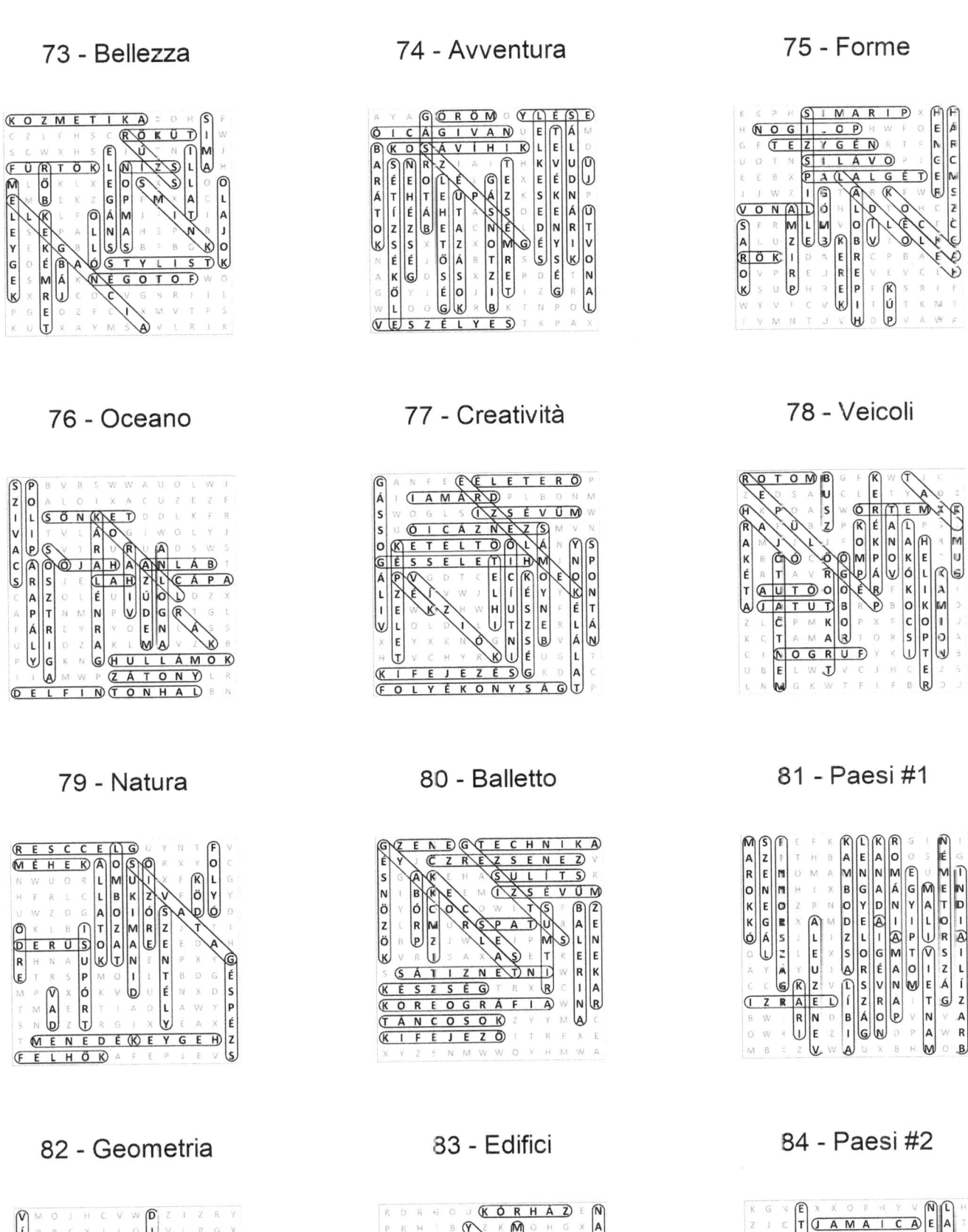

85 - Tipi di Capelli

86 - Vestiti

87 - Attività e Tempo Libero

88 - Meteo

89 - Corpo Umano

90 - Mammiferi

91 - Animali Domestici

92 - Cucina

93 - Giardinaggio

94 - Universo

95 - Jazz

96 - Vacanze #2

97 - Attività

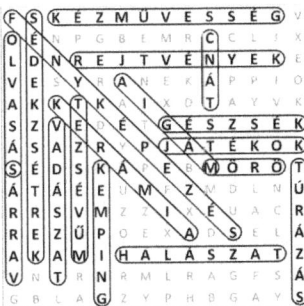

98 - Diplomazia

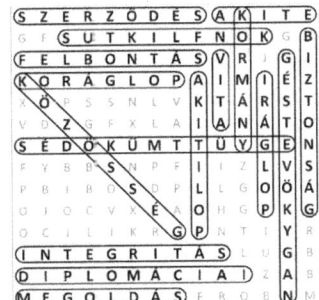

99 - Forniture Artistiche

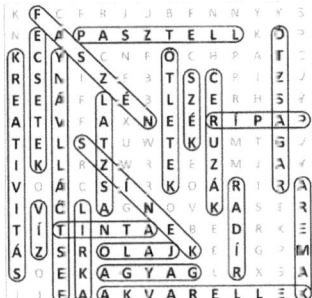

100 - Misurazioni

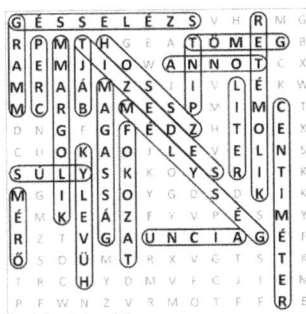

Dizionario

Acqua
Víz

Alluvione	Árvíz
Canale	Csatorna
Doccia	Zuhany
Evaporazione	Párolgás
Fiume	Folyó
Gelo	Fagy
Geyser	Gejzír
Ghiaccio	Jég
Irrigazione	Öntözés
Lago	Tó
Monsone	Monszun
Neve	Hó
Oceano	Óceán
Onde	Hullámok
Pioggia	Eső
Potabile	Iható
Umidità	Nedvesség
Umido	Nedves
Uragano	Hurrikán
Vapore	Gőz

Aeroplani
Repülőgépek

Altezza	Magasság
Aria	Levegő
Atmosfera	Légkör
Atterraggio	Leszállás
Avventura	Kaland
Carburante	Üzemanyag
Cielo	Ég
Costruzione	Építés
Design	Tervezés
Direzione	Irány
Discesa	Származás
Equipaggio	Legénység
Idrogeno	Hidrogén
Motore	Motor
Navigare	Hajózik
Palloncino	Ballon
Passeggero	Utas
Pilota	Pilóta
Storia	Történelem
Turbolenza	Turbulencia

Aggettivi #1
Melléknevek #1

Ambizioso	Ambiciózus
Aromatico	Aromás
Artistico	Művészi
Assoluto	Abszolút
Attivo	Aktív
Enorme	Óriási
Esotico	Egzotikus
Generoso	Nagylelkű
Giovane	Fiatal
Grande	Nagy
Identico	Azonos
Importante	Fontos
Lento	Lassú
Lungo	Hosszú
Moderno	Modern
Onesto	Őszinte
Perfetto	Tökéletes
Pesante	Nehéz
Prezioso	Értékes
Sottile	Vékony

Aggettivi #2
Melléknevek #2

Affamato	Éhes
Asciutto	Száraz
Autentico	Hiteles
Creativo	Kreatív
Descrittivo	Leíró
Dolce	Édes
Drammatico	Drámai
Elegante	Elegáns
Famoso	Híres
Forte	Erős
Interessante	Érdekes
Naturale	Természetes
Normale	Normál
Nuovo	Új
Orgoglioso	Büszke
Produttivo	Termelő
Puro	Tiszta
Responsabile	Felelős
Salato	Sós
Sano	Egészséges

Algebra
Algebra

Diagramma	Diagram
Equazione	Egyenlet
Esponente	Kitevő
Falso	Hamis
Fattore	Tényező
Formula	Képlet
Frazione	Töredék
Grafico	Grafikon
Infinito	Végtelen
Lineare	Lineáris
Matrice	Mátrix
Numero	Szám
Parentesi	Zárójel
Problema	Probléma
Semplificare	Egyszerűsítés
Soluzione	Megoldás
Somma	Összeg
Sottrazione	Kivonás
Variabile	Változó
Zero	Nulla

Animali Domestici
Háziállatok

Acqua	Víz
Cane	Kutya
Capra	Kecske
Cibo	Élelmiszer
Coda	Farok
Collare	Gallér
Coniglio	Nyúl
Criceto	Hörcsög
Cucciolo	Kiskutya
Gattino	Cica
Gatto	Macska
Guinzaglio	Póráz
Lucertola	Gyík
Mucca	Tehén
Pappagallo	Papagáj
Pesce	Hal
Tartaruga	Teknős
Topo	Egér
Veterinario	Állatorvos
Zampe	Mancsok

Antartide
Antarktisz

Acqua	Víz
Ambiente	Környezet
Baia	Öböl
Balene	Bálnák
Conservazione	Megőrzés
Continente	Kontinens
Esplorazione	Feltárás
Geografia	Földrajz
Ghiacciai	Gleccserek
Ghiaccio	Jég
Isole	Szigetek
Migrazione	Migráció
Nuvole	Felhők
Penisola	Félsziget
Ricercatore	Kutató
Roccioso	Sziklás
Scientifico	Tudományos
Spedizione	Expedíció
Temperatura	Hőmérséklet
Topografia	Topográfia

Antiquariato
Régiségek

Arte	Művészet
Asta	Árverés
Autentico	Hiteles
Condizione	Állapot
Decenni	Évtizedek
Decorativo	Dekoratív
Elegante	Elegáns
Galleria	Galéria
Insolito	Szokatlan
Investimento	Beruházás
Mobilio	Bútor
Monete	Érmék
Prezzo	Ár
Qualità	Minőség
Restauro	Helyreállítás
Scultura	Szobor
Secolo	Század
Stile	Stílus
Valore	Érték
Vecchio	Régi

Api
Méhek

Ali	Szárnyak
Alveare	Kaptár
Benefico	Előnyös
Cera	Viasz
Cibo	Élelmiszer
Diversità	Sokféleség
Ecosistema	Ökoszisztéma
Fiori	Virágok
Fiorire	Virág
Frutta	Gyümölcs
Fumo	Füst
Giardino	Kert
Habitat	Élőhely
Insetto	Rovar
Miele	Méz
Piante	Növények
Polline	Pollen
Regina	Királynő
Sciame	Raj
Sole	Nap

Archeologia
Régészet

Analisi	Elemzés
Antichità	Ókor
Antico	Ősi
Civiltà	Civilizáció
Dimenticato	Elfelejtett
Discendente	Leszármazott
Era	Korszak
Esperto	Szakértő
Fossile	Fosszilis
Mistero	Rejtély
Oggetti	Objektumok
Ossa	Csontok
Professore	Professzor
Reliquia	Ereklye
Ricercatore	Kutató
Sconosciuto	Ismeretlen
Squadra	Csapat
Tempio	Templom
Tomba	Sír
Valutazione	Értékelés

Arti Visive
Vizuális Művészetek

Architettura	Építészet
Argilla	Agyag
Artista	Művész
Capolavoro	Mestermű
Carbone	Faszén
Cavalletto	Festőállvány
Cera	Viasz
Ceramica	Kerámia
Composizione	Összetétel
Creatività	Kreativitás
Film	Film
Fotografia	Fénykép
Gesso	Kréta
Matita	Ceruza
Penna	Toll
Prospettiva	Perspektíva
Ritratto	Portré
Scultura	Szobor
Stampino	Stencil
Vernice	Lakk

Astronomia
Csillagászat

Asteroide	Aszteroida
Astronauta	Űrhajós
Astronomo	Csillagász
Celeste	Égi
Cielo	Ég
Cosmo	Kozmosz
Costellazione	Csillagkép
Galassia	Galaxis
Gravità	Gravitáció
Luna	Hold
Meteora	Meteor
Nebulosa	Ködfolt
Pianeta	Bolygó
Radiazione	Sugárzás
Razzo	Rakéta
Supernova	Szupernóva
Telescopio	Távcső
Terra	Föld
Universo	Univerzum
Zodiaco	Állatöv

Attività
Tevékenységek

Abilità	Készség
Arte	Művészet
Artigianato	Kézművesség
Attività	Tevékenység
Caccia	Vadászat
Campeggio	Kemping
Ceramica	Kerámia
Cucire	Varrás
Danza	Tánc
Escursioni	Túrázás
Fotografia	Fényképezés
Giardinaggio	Kertészkedés
Giochi	Játékok
Lettura	Olvasás
Magia	Mágia
Pesca	Halászat
Piacere	Öröm
Puzzle	Rejtvények
Rilassamento	Kikapcsolódás
Tempo Libero	Szabadidő

Attività Commerciale
Üzleti

Bilancio	Költségvetés
Carriera	Karrier
Costo	Költség
Datore di Lavoro	Munkáltató
Dipendente	Alkalmazott
Fabbrica	Gyár
Finanza	Pénzügy
Investimento	Beruházás
Merce	Áru
Negozio	Üzlet
Profitto	Nyereség
Reddito	Jövedelem
Sconto	Kedvezmény
Società	Vállalat
Soldi	Pénz
Tasse	Adók
Transazione	Tranzakció
Ufficio	Iroda
Valuta	Valuta
Vendita	Eladás

Attività e Tempo Libero
Tevékenységek és Szabadi

Arte	Művészet
Baseball	Baseball
Basket	Kosárlabda
Boxe	Boksz
Calcio	Futball
Campeggio	Kemping
Escursioni	Túrázás
Giardinaggio	Kertészkedés
Golf	Golf
Hobby	Hobbi
Immersione	Búvárkodás
Nuoto	Úszás
Pallavolo	Röplabda
Pesca	Halászat
Pittura	Festmény
Rilassante	Pihentető
Shopping	Vásárlás
Surf	Szörfözés
Tennis	Tenisz
Viaggio	Utazás

Avventura
Kaland

Amici	Barátok
Attività	Tevékenység
Bellezza	Szépség
Caso	Esély
Coraggio	Bátorság
Difficoltà	Nehézség
Entusiasmo	Lelkesedés
Escursione	Kirándulás
Gioia	Öröm
Insolito	Szokatlan
Itinerario	Útvonal
Natura	Természet
Navigazione	Navigáció
Nuovo	Új
Opportunità	Lehetőség
Pericoloso	Veszélyes
Preparazione	Előkészítés
Sfide	Kihívások
Sicurezza	Biztonság
Viaggi	Utazások

Balletto
Balett

Abilità	Készség
Applauso	Taps
Artistico	Művészi
Ballerina	Balerina
Ballerini	Táncosok
Compositore	Zeneszerző
Coreografia	Koreográfia
Espressivo	Kifejező
Gesto	Gesztus
Grazioso	Kecses
Intensità	Intenzitás
Muscoli	Izmok
Musica	Zene
Orchestra	Zenekar
Pratica	Gyakorlat
Prova	Próba
Pubblico	Közönség
Ritmo	Ritmus
Stile	Stílus
Tecnica	Technika

Barbecue
Grillezés

Caldo	Forró
Cena	Vacsora
Cibo	Élelmiszer
Cipolle	Hagyma
Coltelli	Kések
Estate	Nyár
Fame	Éhség
Famiglia	Család
Frutta	Gyümölcs
Giochi	Játékok
Griglia	Grill
Insalate	Saláták
Invito	Meghívás
Musica	Zene
Pepe	Bors
Pollo	Csirke
Pomodori	Paradicsom
Pranzo	Ebéd
Sale	Só
Salsa	Szósz

Bellezza
Szépség

Colore	Szín
Cosmetici	Kozmetika
Elegante	Elegáns
Eleganza	Elegancia
Fascino	Báj
Forbici	Olló
Fotogenico	Fotogén
Fragranza	Illat
Grazia	Kegyelem
Liscio	Sima
Oli	Olajok
Pelle	Bőr
Prodotti	Termékek
Riccioli	Fürtök
Rossetto	Rúzs
Shampoo	Sampon
Specchio	Tükör
Stilista	Stylist
Trucco	Smink

Boxe
Boksz

Abilità	Készség
Angolo	Sarok
Arbitro	Játékvezető
Avversario	Ellenfél
Calcio	Rúgás
Campana	Harang
Combattente	Harcos
Corde	Kötelek
Corpo	Test
Esaurito	Kimerült
Forza	Erő
Fuoco	Fókusz
Gomito	Könyök
Guanti	Kesztyű
Mento	Áll
Pugno	Ököl
Punti	Pontok
Rapido	Gyors
Recupero	Felépülés

Caffè
Kávé

Acido	Savas
Acqua	Víz
Amaro	Keserű
Aroma	Aroma
Arrostito	Pörkölt
Bevanda	Ital
Caffeina	Koffein
Crema	Krém
Filtro	Szűrő
Gusto	Íz
Latte	Tej
Liquido	Folyadék
Macinare	Darál
Mattina	Reggel
Nero	Fekete
Origine	Eredet
Prezzo	Ár
Tazza	Csésze
Varietà	Fajta
Zucchero	Cukor

Campeggio
Kemping

Alberi	Fák
Amaca	Függőágy
Animali	Állatok
Avventura	Kaland
Bussola	Iránytű
Cabina	Kabin
Caccia	Vadászat
Canoa	Kenu
Cappello	Kalap
Corda	Kötél
Divertimento	Móka
Foresta	Erdő
Fuoco	Tűz
Insetto	Rovar
Lago	Tó
Luna	Hold
Mappa	Térkép
Montagna	Hegy
Natura	Természet
Tenda	Sátor

Casa
Ház

Attico	Padlás
Biblioteca	Könyvtár
Camera	Szoba
Camino	Kandalló
Cucina	Konyha
Doccia	Zuhany
Finestra	Ablak
Garage	Garázs
Giardino	Kert
Lampada	Lámpa
Parete	Fal
Pavimento	Padló
Porta	Ajtó
Recinto	Kerítés
Rubinetto	Csap
Scopa	Seprű
Soffitto	Mennyezet
Specchio	Tükör
Tappeto	Szőnyeg
Tetto	Tető

Chimica
Kémia

Acido	Sav
Alcalino	Lúgos
Atomico	Atomi
Calore	Hő
Carbonio	Szén
Catalizzatore	Katalizátor
Cloro	Klór
Elettrone	Elektron
Enzima	Enzim
Gas	Gáz
Idrogeno	Hidrogén
Ione	Ion
Liquido	Folyadék
Molecola	Molekula
Nucleare	Nukleáris
Organico	Szerves
Ossigeno	Oxigén
Peso	Súly
Sale	Só
Temperatura	Hőmérséklet

Cibo #1
Élelmiszer #1

Aglio	Fokhagyma
Basilico	Bazsalikom
Cannella	Fahéj
Carne	Hús
Carota	Sárgarépa
Cipolla	Hagyma
Fragola	Eper
Insalata	Saláta
Latte	Tej
Limone	Citrom
Menta	Menta
Orzo	Árpa
Pera	Körte
Rapa	Fehérrépa
Sale	Só
Spinaci	Spenót
Succo	Gyümölcslé
Tonno	Tonhal
Torta	Torta
Zucchero	Cukor

Cibo #2
Élelmiszer # 2

Banana	Banán
Broccolo	Brokkoli
Ciliegia	Cseresznye
Cioccolato	Csokoládé
Formaggio	Sajt
Fungo	Gomba
Grano	Búza
Kiwi	Kivi
Mela	Alma
Melanzana	Padlizsán
Pane	Kenyér
Pesce	Hal
Pollo	Csirke
Pomodoro	Paradicsom
Prosciutto	Sonka
Riso	Rizs
Sedano	Zeller
Uovo	Tojás
Uva	Szőlő
Yogurt	Joghurt

Cioccolato
Csokoládé

Amaro	Keserű
Antiossidante	Antioxidáns
Aroma	Aroma
Brama	Sóvárgás
Cacao	Kakaó
Calorie	Kalória
Caramella	Cukorka
Caramello	Karamell
Delizioso	Finom
Dolce	Édes
Esotico	Egzotikus
Gusto	Íz
Ingrediente	Összetevő
Mangiare	Enni
Noce di Cocco	Kókuszdió
Polvere	Por
Preferito	Kedvenc
Qualità	Minőség
Ricetta	Recept
Zucchero	Cukor

Circo
Cirkusz

Acrobata	Akrobata
Animali	Állatok
Biglietto	Jegy
Caramella	Cukorka
Clown	Bohóc
Costume	Jelmez
Elefante	Elefánt
Giocoliere	Zsonglőr
Leone	Oroszlán
Magia	Mágia
Mago	Bűvész
Musica	Zene
Palloncini	Léggömbök
Parata	Parádé
Scimmia	Majom
Spettacolare	Látványos
Spettatore	Néző
Tenda	Sátor
Tigre	Tigris
Trucco	Trükk

Città
Város

Aeroporto	Repülőtér
Banca	Bank
Biblioteca	Könyvtár
Cinema	Mozi
Clinica	Klinika
Farmacia	Gyógyszertár
Fiorista	Virágárus
Galleria	Galéria
Hotel	Szálloda
Libreria	Könyvesbolt
Mercato	Piac
Museo	Múzeum
Negozio	Bolt
Panetteria	Pékség
Scuola	Iskola
Stadio	Stadion
Supermercato	Szupermarket
Teatro	Színház
Università	Egyetem
Zoo	Állatkert

Corpo Umano
Emberi Test

Bocca	Száj
Caviglia	Boka
Cervello	Agy
Collo	Nyak
Cuore	Szív
Dito	Ujj
Faccia	Arc
Gamba	Láb
Ginocchio	Térd
Gomito	Könyök
Mano	Kéz
Mento	Áll
Naso	Orr
Occhio	Szem
Orecchio	Fül
Pelle	Bőr
Sangue	Vér
Spalla	Váll
Stomaco	Gyomor
Testa	Fej

Creatività
Kreativitás

Abilità	Készség
Artistico	Művészi
Autenticità	Hitelesség
Chiarezza	Világosság
Drammatico	Drámai
Emozioni	Érzelmek
Espressione	Kifejezés
Fluidità	Folyékonyság
Idee	Ötletek
Immaginazione	Képzelet
Immagine	Kép
Impressione	Benyomás
Intensità	Intenzitás
Intuizione	Intuíció
Inventivo	Találékony
Ispirazione	Ihlet
Sensazione	Szenzáció
Spontaneo	Spontán
Visioni	Víziók
Vitalità	Életerő

Cucina
Konyha

Bollitore	Vízforraló
Brocca	Kancsó
Cibo	Élelmiszer
Ciotola	Tál
Coltelli	Kések
Congelatore	Mélyhűtő
Cucchiai	Kanalak
Forchette	Villa
Forno	Sütő
Frigorifero	Hűtőszekrény
Grembiule	Kötény
Griglia	Grill
Mangiare	Enni
Mestolo	Merőkanál
Ricetta	Recept
Spezie	Fűszerek
Spugna	Szivacs
Tazze	Csészék
Tovagliolo	Szalvéta
Vaso	Korsó

Diplomazia
Diplomácia

Ambasciata	Nagykövetség
Ambasciatore	Nagykövet
Cittadini	Polgárok
Civico	Polgári
Comunità	Közösség
Conflitto	Konfliktus
Consigliere	Tanácsadó
Cooperazione	Együttműködés
Diplomatico	Diplomáciai
Discussione	Vita
Etica	Etika
Giustizia	Igazságosság
Governo	Kormány
Integrità	Integritás
Politica	Politika
Risoluzione	Felbontás
Sicurezza	Biztonság
Soluzione	Megoldás
Trattato	Szerződés
Umanitario	Humanitárius

Discipline Scientifiche
Tudományos Tudományágak

Anatomia	Anatómia
Archeologia	Régészet
Astronomia	Csillagászat
Biochimica	Bickémia
Biologia	Biológia
Botanica	Botanika
Chimica	Kémia
Ecologia	Ökológia
Fisiologia	Fiziológia
Geologia	Geológia
Immunologia	Immunológia
Linguistica	Nyelvészet
Meccanica	Mechanika
Meteorologia	Meteorológia
Mineralogia	Ásványtan
Neurologia	Neurológia
Psicologia	Pszichológia
Sociologia	Szociológia
Termodinamica	Termodinamika
Zoologia	Állattan

Ecologia
Ökológia

Clima	Éghajlat
Comunità	Közösségek
Diversità	Sokféleség
Fauna	Fauna
Flora	Növényvilág
Globale	Globális
Habitat	Élőhely
Marino	Tengeri
Natura	Természet
Naturale	Természetes
Palude	Mocsár
Piante	Növények
Risorse	Források
Siccità	Aszály
Sopravvivenza	Túlélés
Sostenibile	Fenntartható
Specie	Faj
Varietà	Fajta
Vegetazione	Növényzet
Volontari	Önkéntesek

Edifici
Épületek

Ambasciata	Nagykövetség
Appartamento	Lakás
Cabina	Kabin
Castello	Vár
Cinema	Mozi
Fabbrica	Gyár
Fattoria	Gazdaság
Fienile	Pajta
Hotel	Szálloda
Laboratorio	Laboratórium
Museo	Múzeum
Ospedale	Kórház
Ostello	Szálló
Scuola	Iskola
Stadio	Stadion
Supermercato	Szupermarket
Teatro	Színház
Tenda	Sátor
Torre	Torony
Università	Egyetem

Energia
Energia

Ambiente	Környezet
Batteria	Akkumulátor
Benzina	Benzin
Calore	Hő
Carbonio	Szén
Carburante	Üzemanyag
Diesel	Dízel
Elettrico	Elektromos
Elettrone	Elektron
Entropia	Entrópia
Fotone	Foton
Idrogeno	Hidrogén
Industria	Ipar
Inquinamento	Szennyezés
Motore	Motor
Nucleare	Nukleáris
Rinnovabile	Megújuló
Turbina	Turbina
Vapore	Gőz
Vento	Szél

Erboristeria
Herbalism

Aglio	Fokhagyma
Aneto	Kapor
Aromatico	Aromás
Basilico	Bazsalikom
Culinario	Konyhai
Dragoncello	Tárkony
Finocchio	Édeskömény
Fiore	Virág
Giardino	Kert
Ingrediente	Összetevő
Lavanda	Levendula
Maggiorana	Majoránna
Menta	Menta
Origano	Oregánó
Prezzemolo	Petrezselyem
Qualità	Minőség
Rosmarino	Rozmaring
Timo	Kakukkfű
Verde	Zöld
Zafferano	Sáfrány

Escursionismo
Túrázás

Acqua	Víz
Animali	Állatok
Campeggio	Kemping
Clima	Éghajlat
Guide	Útmutatók
Mappa	Térkép
Montagna	Hegy
Natura	Természet
Orientamento	Orientáció
Parchi	Parkok
Pericoli	Veszélyek
Pesante	Nehéz
Pietre	Kövek
Preparazione	Előkészítés
Scogliera	Szikla
Selvaggio	Vad
Sole	Nap
Stanco	Fáradt
Stivali	Csizma
Zanzare	Szúnyogok

Fantascienza
Sci-Fi

Atomico	Atomi
Cinema	Mozi
Distopia	Dystopia
Esplosione	Robbanás
Estremo	Szélsőséges
Fantastico	Fantasztikus
Fuoco	Tűz
Futuristico	Futurisztikus
Galassia	Galaxis
Illusione	Illúzió
Immaginario	Képzeletbeli
Libri	Könyvek
Misterioso	Rejtélyes
Mondo	Világ
Oracolo	Jóslat
Pianeta	Bolygó
Realistico	Reális
Robot	Robotok
Tecnologia	Technológia
Utopia	Utópia

Fattoria #1
Gazdaság #1

Acqua	Víz
Agricoltura	Mezőgazdaság
Ape	Méh
Asino	Szamár
Campo	Mező
Cane	Kutya
Capra	Kecske
Cavallo	Ló
Fertilizzante	Trágya
Fieno	Széna
Gatto	Macska
Gregge	Nyáj
Maiale	Malac
Miele	Méz
Mucca	Tehén
Pollo	Csirke
Recinto	Kerítés
Riso	Rizs
Semi	Magok
Vitello	Borjú

Fattoria #2
2. Gazdaság

Agnello	Bárány
Agricoltore	Gazda
Alveare	Méhkas
Anatra	Kacsa
Animali	Állatok
Cibo	Élelmiszer
Fienile	Pajta
Frutta	Gyümölcs
Frutteto	Gyümölcsös
Grano	Búza
Irrigazione	Öntözés
Lama	Láma
Latte	Tej
Mais	Kukorica
Oche	Libák
Orzo	Árpa
Pastore	Pásztor
Pecora	Juh
Prato	Rét
Trattore	Traktor

Filantropia
Filantrópia

Bambini	Gyermekek
Bisogno	Szükség
Carità	Jótékonyság
Comunità	Közösség
Contatti	Kapcsolatok
Finanza	Pénzügy
Fondi	Alapok
Generosità	Nagylelkűség
Gioventù	Ifjúság
Globale	Globális
Gruppi	Csoportok
Missione	Küldetés
Obiettivi	Célok
Onestà	Őszinteség
Persone	Emberek
Programmi	Programok
Pubblico	Nyilvános
Sfide	Kihívások
Storia	Történelem
Umanità	Emberiség

Fiori
Virágok

Gardenia	Gardénia
Gelsomino	Jázmin
Giglio	Liliom
Girasole	Napraforgó
Ibisco	Hibiszkusz
Lavanda	Levendula
Lilla	Halványlila
Magnolia	Magnólia
Margherita	Százszorszép
Mazzo	Csokor
Narciso	Nárcisz
Orchidea	Orchidea
Papavero	Mák
Passiflora	Golgotavirág
Peonia	Bazsarózsa
Petalo	Szirom
Plumeria	Plumeria
Rosa	Rózsa
Trifoglio	Lóhere
Tulipano	Tulipán

Fisica
Fizika

Accelerazione	Gyorsulás
Atomo	Atom
Caos	Káosz
Chimico	Kémiai
Densità	Sűrűség
Elettrone	Elektron
Espansione	Terjeszkedés
Formula	Képlet
Frequenza	Frekvencia
Gas	Gáz
Gravità	Gravitáció
Magnetismo	Mágnesesség
Meccanica	Mechanika
Molecola	Molekula
Motore	Motor
Nucleare	Nukleáris
Particella	Részecske
Relatività	Relativitás
Universale	Egyetemes
Velocità	Sebesség

Forme
Alakzatok

Angolo	Sarok
Arco	Ív
Bordi	Élek
Cerchio	Kör
Cilindro	Henger
Cono	Kúp
Cubo	Kocka
Ellisse	Ellipszis
Iperbole	Hiperbola
Lato	Oldal
Linea	Vonal
Ovale	Ovális
Piramide	Piramis
Poligono	Poligon
Prisma	Prizma
Quadrato	Négyzet
Rettangolo	Téglalap
Rotondo	Kerek
Sfera	Gömb
Triangolo	Háromszög

Forniture Artistiche
Művészeti Kellékek

Acqua	Víz
Acquerelli	Akvarellek
Acrilico	Akril
Argilla	Agyag
Carbone	Faszén
Carta	Papír
Cavalletto	Festőállvány
Colla	Ragasztó
Colori	Színek
Creatività	Kreativitás
Gomma	Radír
Idee	Ötletek
Inchiostro	Tinta
Matite	Ceruzák
Olio	Olaj
Pastelli	Pasztell
Sedia	Szék
Spazzole	Ecsetek
Tavolo	Asztal
Telecamera	Kamera

Forza e Gravità
Erő és Gravitáció

Asse	Tengely
Attrito	Súrlódás
Centro	Központ
Dinamico	Dinamikus
Distanza	Távolság
Espansione	Terjeszkedés
Fisica	Fizika
Impatto	Hatás
Magnetismo	Mágnesesség
Meccanica	Mechanika
Movimento	Mozgás
Orbita	Pálya
Peso	Súly
Pianeti	Bolygók
Pressione	Nyomás
Proprietà	Tulajdonságok
Scoperta	Felfedezés
Tempo	Idő
Universale	Egyetemes
Velocità	Sebesség

Frutta
Gyümölcs

Albicocca	Sárgabarack
Ananas	Ananász
Arancia	Narancs
Avocado	Avokádó
Bacca	Bogyó
Banana	Banán
Ciliegia	Cseresznye
Kiwi	Kivi
Lampone	Málna
Limone	Citrom
Mango	Mangó
Mela	Alma
Melone	Dinnye
Mora	Szeder
Nettarina	Nektarin
Papaia	Papaja
Pera	Körte
Pesca	Őszibarack
Prugna	Szilva
Uva	Szőlő

Geografia
Földrajz

Altitudine	Magasság
Atlante	Atlasz
Città	Város
Continente	Kontinens
Emisfero	Félteke
Fiume	Folyó
Isola	Sziget
Latitudine	Szélesség
Longitudine	Hosszúság
Mappa	Térkép
Mare	Tenger
Meridiano	Meridián
Mondo	Világ
Montagna	Hegy
Nord	Észak
Ovest	Nyugat
Paese	Ország
Regione	Vidék
Sud	Dél
Territorio	Terület

Geologia
Geológia

Acido	Sav
Altopiano	Fennsík
Calcio	Kalcium
Caverna	Barlang
Continente	Kontinens
Corallo	Korall
Cristalli	Kristályok
Erosione	Erózió
Fossile	Fosszilis
Geyser	Gejzír
Lava	Láva
Pietra	Kő
Quarzo	Kvarc
Sale	Só
Stalagmiti	Sztalagmitok
Stalattite	Cseppkő
Strato	Réteg
Terremoto	Földrengés
Vulcano	Vulkán
Zona	Zóna

Geometria
Geometria

Altezza	Magasság
Angolo	Szög
Calcolo	Számítás
Cerchio	Kör
Curva	Ív
Diametro	Átmérő
Dimensione	Dimenzió
Equazione	Egyenlet
Logica	Logika
Mediano	Medián
Numero	Szám
Orizzontale	Vízszintes
Parallelo	Párhuzamos
Proporzione	Arány
Segmento	Szegmens
Simmetria	Szimmetria
Superficie	Felület
Teoria	Elmélet
Triangolo	Háromszög
Verticale	Függőleges

Giardinaggio
Kertészkedés

Acqua	Víz
Botanico	Botanika
Clima	Éghajlat
Commestibile	Ehető
Compost	Komposzt
Contenitore	Tartály
Esotico	Egzotikus
Fiorire	Virág
Floreale	Virágos
Foglia	Levél
Fogliame	Lombozat
Frutteto	Gyümölcsös
Mazzo	Csokor
Semi	Magok
Specie	Faj
Sporco	Piszok
Stagionale	Szezonális
Suolo	Talaj
Tubo	Tömlő
Umidità	Nedvesség

Giardino
Kert

Albero	Fa
Amaca	Függőágy
Cespuglio	Bokor
Erba	Fű
Erbacce	Gyomok
Fiore	Virág
Frutteto	Gyümölcsös
Garage	Garázs
Giardino	Kert
Pala	Lapát
Panca	Pad
Prato	Gyep
Rastrello	Gereblye
Recinto	Kerítés
Stagno	Tavacska
Suolo	Talaj
Terrazza	Terasz
Trampolino	Trambulin
Tubo	Tömlő
Vite	Szőlő

Giorni e Mesi
Napok és Hónapok

Agosto	Augusztus
Anno	Év
Aprile	Április
Calendario	Naptár
Dicembre	December
Domenica	Vasárnap
Febbraio	Február
Gennaio	Január
Giugno	Június
Luglio	Július
Lunedì	Hétfő
Martedì	Kedd
Mercoledì	Szerda
Mese	Hónap
Novembre	November
Ottobre	Október
Sabato	Szombat
Settembre	Szeptember
Settimana	Hét
Venerdì	Péntek

Governo
Kormányzat

Capo	Vezető
Civile	Polgári
Costituzione	Alkotmány
Democrazia	Demokrácia
Discorso	Beszéd
Discussione	Vita
Giudiziario	Bírósági
Giustizia	Igazságosság
Indipendenza	Függetlenség
Legale	Jogi
Legge	Törvény
Libertà	Szabadság
Monumento	Emlékmű
Nazionale	Nemzeti
Nazione	Nemzet
Politica	Politika
Quartiere	Kerület
Simbolo	Szimbólum
Stato	Állam
Uguaglianza	Egyenlőség

Guida
Vezetés

Auto	Autó
Autobus	Busz
Carburante	Üzemanyag
Freni	Fékek
Garage	Garázs
Gas	Gáz
Incidente	Baleset
Licenza	Engedély
Mappa	Térkép
Moto	Motorkerékpár
Motore	Motor
Pedonale	Gyalogos
Pericolo	Veszély
Polizia	Rendőrség
Sicurezza	Biztonság
Strada	Út
Traffico	Forgalom
Trasporto	Szállítás
Tunnel	Alagút
Velocità	Sebesség

I Media
A Média

Commerciale	Kereskedelmi
Comunicazione	Kommunikáció
Digitale	Digitális
Edizione	Kiadás
Educazione	Oktatás
Fatti	Tények
Finanziamento	Finanszírozás
Foto	Fotók
Giornali	Újságok
Individuale	Egyéni
Industria	Ipar
Intellettuale	Szellemi
Locale	Helyi
Online	Online
Opinione	Vélemény
Pubblicità	Hirdetések
Pubblico	Nyilvános
Radio	Rádió
Rete	Hálózat
Televisione	Televízió

Imbarcazioni
Csónakok

Albero	Árboc
Ancora	Horgony
Barca a Vela	Vitorlás
Boa	Bója
Canoa	Kenu
Corda	Kötél
Equipaggio	Legénység
Fiume	Folyó
Kayak	Kajak
Lago	Tó
Mare	Tenger
Marea	Dagály
Marinaio	Tengerész
Motore	Motor
Nautico	Tengeri
Oceano	Óceán
Onde	Hullámok
Traghetto	Komp
Yacht	Jacht
Zattera	Tutaj

Ingegneria
Műszaki

Angolo	Szög
Asse	Tengely
Calcolo	Számítás
Costruzione	Építés
Diagramma	Diagram
Diametro	Átmérő
Diesel	Dízel
Distribuzione	Eloszlás
Energia	Energia
Forza	Erő
Ingranaggi	Fogaskerekek
Liquido	Folyadék
Macchina	Gép
Misurazione	Mérés
Motore	Motor
Profondità	Mélység
Propulsione	Meghajtás
Rotazione	Forgás
Stabilità	Stabilitás
Struttura	Szerkezet

Jazz
Dzsessz

Album	Album
Applauso	Taps
Artista	Művész
Canzone	Dal
Compositore	Zeneszerző
Composizione	Összetétel
Concerto	Koncert
Enfasi	Hangsúly
Famoso	Híres
Genere	Műfaj
Improvvisazione	Improvizáció
Musica	Zene
Nuovo	Új
Orchestra	Zenekar
Preferiti	Kedvencek
Ritmo	Ritmus
Stile	Stílus
Talento	Tehetség
Tecnica	Technika
Vecchio	Régi

L'Azienda
A Cég

Creativo	Kreatív
Decisione	Döntés
Generare	Generálni
Globale	Globális
Industria	Ipar
Innovativo	Innovatív
Investimento	Beruházás
Possibilità	Lehetőség
Presentazione	Bemutatás
Prodotto	Termék
Professionale	Szakmai
Progresso	Haladás
Qualità	Minőség
Reddito	Bevétel
Reputazione	Hírnév
Rischi	Kockázatok
Risorse	Források
Salari	Bér
Tendenze	Trendek
Unità	Egységek

Letteratura
Irodalom

Analisi	Elemzés
Analogia	Analógia
Aneddoto	Anekdota
Autore	Szerző
Biografia	Életrajz
Conclusione	Következtetés
Critica	Kritika
Descrizione	Leírás
Dialogo	Párbeszéd
Genere	Műfaj
Metafora	Metafora
Opinione	Vélemény
Poesia	Vers
Poetico	Költői
Rima	Rím
Ritmo	Ritmus
Romanzo	Regény
Stile	Stílus
Tema	Téma
Tragedia	Tragédia

Libri
Könyvek

Autore	Szerző
Avventura	Kaland
Collezione	Gyűjtemény
Contesto	Kontextus
Dualità	Kettősség
Epico	Epikus
Inventivo	Találékony
Letterario	Irodalmi
Lettore	Olvasó
Narratore	Narrátor
Pagina	Oldal
Poesia	Költészet
Rilevante	Ide Vonatkozó
Romanzo	Regény
Scritto	Írott
Serie	Sorozat
Storia	Történet
Storico	Történelmi
Tragico	Tragikus
Umoristico	Tréfás

Mammiferi
Emlősök

Balena	Bálna
Cane	Kutya
Canguro	Kenguru
Cavallo	Ló
Cervo	Szarvas
Coniglio	Nyúl
Coyote	Prérifarkas
Delfino	Delfin
Elefante	Elefánt
Gatto	Macska
Giraffa	Zsiráf
Gorilla	Gorilla
Leone	Oroszlán
Lupo	Farkas
Orso	Medve
Pecora	Juh
Scimmia	Majom
Toro	Bika
Volpe	Róka
Zebra	Zebra

Matematica
Matematika

Angoli	Szögek
Aritmetica	Számtan
Decimale	Tizedes
Diametro	Átmérő
Equazione	Egyenlet
Esponente	Kitevő
Frazione	Töredék
Geometria	Geometria
Numeri	Számok
Parallelo	Párhuzamos
Perimetro	Kerület
Perpendicolare	Merőleges
Poligono	Poligon
Quadrato	Négyzet
Raggio	Sugár
Rettangolo	Téglalap
Sfera	Gömb
Simmetria	Szimmetria
Somma	Összeg
Triangolo	Háromszög

Meditazione
Elmélkedés

Accettazione	Elfogadás
Attenzione	Figyelem
Calma	Nyugodt
Chiarezza	Világosság
Compassione	Együttérzés
Emozioni	Érzelmek
Gentilezza	Kedvesség
Gratitudine	Hála
Mentale	Mentális
Mente	Elme
Movimento	Mozgás
Musica	Zene
Natura	Természet
Osservazione	Megfigyelés
Pace	Béke
Pensieri	Gondolatok
Postura	Testtartás
Prospettiva	Perspektíva
Respirazione	Légzés
Silenzio	Csend

Meteo
Időjárás

Arcobaleno	Szivárvány
Asciutto	Száraz
Atmosfera	Légkör
Brezza	Szellő
Cielo	Ég
Clima	Éghajlat
Fulmine	Villám
Ghiaccio	Jég
Monsone	Monszun
Nebbia	Köd
Nube	Felhő
Polare	Poláris
Siccità	Aszály
Temperatura	Hőmérséklet
Tempesta	Vihar
Tornado	Tornádó
Tropicale	Trópusi
Tuono	Mennydörgés
Uragano	Hurrikán
Vento	Szél

Misurazioni
Mérések

Altezza	Magasság
Byte	Bájt
Centimetro	Centiméter
Chilogrammo	Kilogramm
Chilometro	Kilométer
Decimale	Tizedes
Grado	Fokozat
Grammo	Gramm
Larghezza	Szélesség
Litro	Liter
Lunghezza	Hossz
Massa	Tömeg
Metro	Mérő
Minuto	Perc
Oncia	Uncia
Peso	Súly
Pinta	Pint
Pollice	Hüvelyk
Profondità	Mélység
Tonnellata	Tonna

Mitologia
Mitológia

Archetipo	Archetípus
Comportamento	Viselkedés
Creatura	Teremtmény
Creazione	Teremtés
Credenze	Hiedelmek
Cultura	Kultúra
Disastro	Katasztrófa
Divinità	Istenségek
Eroe	Hős
Forza	Erő
Fulmine	Villám
Gelosia	Féltékenység
Guerriero	Harcos
Labirinto	Labirintus
Leggenda	Legenda
Magico	Mágikus
Mortale	Halandó
Mostro	Szörny
Tuono	Mennydörgés
Vendetta	Bosszú

Moda
Divat

Abbigliamento	Ruházat
Boutique	Butik
Caro	Drága
Confortevole	Kényelmes
Elegante	Elegáns
Minimalista	Minimalista
Modello	Minta
Moderno	Modern
Modesto	Szerény
Originale	Eredeti
Pizzo	Csipke
Pratico	Gyakorlati
Pulsanti	Gombok
Ricamo	Hímzés
Semplice	Egyszerű
Sofisticato	Kifinomult
Stile	Stílus
Tendenza	Irányzat
Tessuto	Szövet
Trama	Textúra

Musica
Zene

Album	Album
Armonia	Harmónia
Armonico	Harmonikus
Ballata	Ballada
Cantante	Énekes
Cantare	Énekel
Classico	Klasszikus
Coro	Kórus
Lirico	Lírai
Melodia	Dallam
Microfono	Mikrofon
Musicale	Zenei
Musicista	Zenész
Opera	Opera
Poetico	Költői
Registrazione	Felvétel
Ritmico	Ritmikus
Ritmo	Ritmus
Strumento	Eszköz
Vocale	Ének

Natura
Természet

Animali	Állatok
Api	Méhek
Artico	Sarkvidéki
Bellezza	Szépség
Deserto	Sivatag
Dinamico	Dinamikus
Erosione	Erózió
Fiume	Folyó
Fogliame	Lombozat
Foresta	Erdő
Ghiacciaio	Gleccser
Montagne	Hegyek
Nebbia	Köd
Nuvole	Felhők
Rifugio	Menedék
Santuario	Szentély
Selvaggio	Vad
Sereno	Derűs
Tropicale	Trópusi
Vitale	Létfontosságú

Numeri
Számok

Cinque	Öt
Decimale	Tizedes
Diciannove	Tizenkilenc
Diciassette	Tizenhét
Diciotto	Tizennyolc
Dieci	Tíz
Dodici	Tizenkettő
Due	Kettő
Nove	Kilenc
Otto	Nyolc
Quattordici	Tizennégy
Quattro	Négy
Quindici	Tizenöt
Sedici	Tizenhat
Sei	Hat
Sette	Hét
Tre	Három
Tredici	Tizenhárom
Venti	Húsz
Zero	Nulla

Nutrizione
Teljesítmény

Amaro	Keserű
Appetito	Étvágy
Calorie	Kalória
Carboidrati	Szénhidrátok
Commestibile	Ehető
Dieta	Diéta
Digestione	Emésztés
Fermentazione	Erjesztés
Gusto	Íz
Liquidi	Folyadékok
Nutriente	Tápanyag
Peso	Súly
Proteine	Fehérjék
Qualità	Minőség
Salsa	Szósz
Salute	Egészség
Sano	Egészséges
Spezie	Fűszerek
Tossina	Toxin
Vitamina	Vitamin

Oceano
Óceán

Anguilla	Angolna
Balena	Bálna
Barca	Hajó
Corallo	Korall
Delfino	Delfin
Gamberetto	Garnélarák
Granchio	Rák
Maree	Árapály
Medusa	Medúza
Onde	Hullámok
Ostrica	Osztriga
Pesce	Hal
Polpo	Polip
Sale	Só
Scogliera	Zátony
Spugna	Szivacs
Squalo	Cápa
Tartaruga	Teknős
Tempesta	Vihar
Tonno	Tonhal

Paesaggi
Tájképek

Cascata	Vízesés
Collina	Domb
Deserto	Sivatag
Fiume	Folyó
Geyser	Gejzír
Ghiacciaio	Gleccser
Grotta	Barlang
Iceberg	Jéghegy
Isola	Sziget
Lago	Tó
Mare	Tenger
Montagna	Hegy
Oasi	Oázis
Oceano	Óceán
Palude	Mocsár
Penisola	Félsziget
Spiaggia	Strand
Tundra	Tundra
Valle	Völgy
Vulcano	Vulkán

Paesi #1
Országok #1

Brasile	Brazília
Cambogia	Kambodzsa
Canada	Kanada
Egitto	Egyiptom
Finlandia	Finnország
Germania	Németország
India	India
Iraq	Irak
Israele	Izrael
Libia	Líbia
Mali	Mali
Marocco	Marokkó
Norvegia	Norvégia
Panama	Panama
Polonia	Lengyelország
Romania	Románia
Senegal	Szenegál
Spagna	Spanyolország
Venezuela	Venezuela
Vietnam	Vietnam

Paesi #2
Országok #2

Albania	Albánia
Danimarca	Dánia
Etiopia	Etiópia
Giamaica	Jamaica
Giappone	Japán
Grecia	Görögország
Haiti	Haiti
Indonesia	Indonézia
Irlanda	Írország
Laos	Laosz
Liberia	Libéria
Messico	Mexikó
Nepal	Nepál
Nigeria	Nigéria
Pakistan	Pakisztán
Russia	Oroszország
Siria	Szíria
Sudan	Szudán
Ucraina	Ukrajna
Uganda	Uganda

Piante
Növények

Albero	Fa
Bacca	Bogyó
Bambù	Bambusz
Botanica	Botanika
Cactus	Kaktusz
Cespuglio	Bokor
Crescere	Nő
Edera	Borostyán
Erba	Fű
Fagiolo	Bab
Fertilizzante	Trágya
Fiore	Virág
Flora	Növényvilág
Fogliame	Lombozat
Foresta	Erdő
Giardino	Kert
Muschio	Moha
Petalo	Szirom
Radice	Gyökér
Vegetazione	Növényzet

Professioni #1
Foglalkozások #1

Allenatore	Edző
Ambasciatore	Nagykövet
Artista	Művész
Astronomo	Csillagász
Avvocato	Ügyvéd
Ballerino	Táncos
Banchiere	Bankár
Cacciatore	Vadász
Cartografo	Térképész
Editore	Szerkesztő
Farmacista	Gyógyszerész
Geologo	Geológus
Gioielliere	Ékszerész
Infermiera	Ápoló
Marinaio	Tengerész
Musicista	Zenész
Pianista	Zongorista
Psicologo	Pszichológus
Scienziato	Tudós
Veterinario	Állatorvos

Professioni #2
Foglalkozások #2

Astronauta	Űrhajós
Bibliotecario	Könyvtáros
Biologo	Biológus
Chirurgo	Sebész
Dentista	Fogorvos
Detective	Nyomozó
Filosofo	Filozófus
Fotografo	Fotós
Giardiniere	Kertész
Giornalista	Újságíró
Illustratore	Illusztrátor
Ingegnere	Mérnök
Insegnante	Tanár
Inventore	Feltaláló
Linguista	Nyelvész
Medico	Orvos
Pilota	Pilóta
Pittore	Festő
Ricercatore	Kutató
Zoologo	Zoológus

Psicologia
Pszichológia

Clinico	Klinikai
Cognizione	Megismerés
Comportamento	Viselkedés
Conflitto	Konfliktus
Ego	Én
Emozioni	Érzelmek
Esperienze	Tapasztalatok
Idee	Ötletek
Inconscio	Eszméletlen
Infanzia	Gyermekkor
Influenze	Befolyások
Pensieri	Gondolatok
Percezione	Észlelés
Personalità	Személyiség
Problema	Probléma
Realtà	Valóság
Sensazione	Szenzáció
Subconscio	Tudatalatti
Terapia	Terápia
Valutazione	Értékelés

Ristorante #1
Étterem #1

Allergia	Allergia
Caffè	Kávé
Cameriera	Pincérnő
Carne	Hús
Cassiere	Pénztáros
Cibo	Élelmiszer
Ciotola	Tál
Coltello	Kés
Cucina	Konyha
Dessert	Desszert
Ingredienti	Összetevők
Mangiare	Enni
Menù	Menü
Pane	Kenyér
Piatto	Tányér
Piccante	Fűszeres
Pollo	Csirke
Prenotazione	Foglalás
Salsa	Szósz
Tovagiolo	Szalvéta

Ristorante #2
Étterem #2

Acqua	Víz
Aperitivo	Előétel
Bevanda	Ital
Cameriere	Pincér
Cena	Vacsora
Cucchiaio	Kanál
Delizioso	Finom
Forchetta	Villa
Frutta	Gyümölcs
Ghiaccio	Jég
Insalata	Saláta
Minestra	Leves
Pesce	Hal
Pranzo	Ebéd
Sale	Só
Sedia	Szék
Spezie	Fűszerek
Torta	Torta
Uova	Tojás
Verdure	Zöldségek

Salute e Benessere #1
Egészség és Wellness #1

Abitudine	Szokás
Altezza	Magasság
Attivo	Aktív
Batteri	Baktériumok
Clinica	Klinika
Fame	Éhség
Farmacia	Gyógyszertár
Frattura	Törés
Medicina	Orvosság
Medico	Orvos
Muscoli	Izmok
Nervi	Idegek
Ormoni	Hormonok
Pelle	Bőr
Postura	Testtartás
Riflesso	Reflex
Rilassamento	Kikapcsolódás
Terapia	Terápia
Trattamento	Kezelés
Virus	Vírus

Salute e Benessere #2
Egészség és Wellness #2

Allergia	Allergia
Anatomia	Anatómia
Appetito	Étvágy
Caloria	Kalória
Corpo	Test
Dieta	Diéta
Digestione	Emésztés
Disidratazione	Kiszáradás
Energia	Energia
Genetica	Genetika
Igiene	Higiénia
Infezione	Fertőzés
Malattia	Betegség
Massaggio	Masszázs
Nutrizione	Táplálkozás
Ospedale	Kórház
Peso	Súly
Sangue	Vér
Sano	Egészséges
Vitamina	Vitamin

Scacchi
Sakk

Avversario	Ellenfél
Bianco	Fehér
Campione	Bajnok
Concorso	Verseny
Diagonale	Átlós
Giocatore	Játékos
Gioco	Játék
Intelligente	Okos
Nero	Fekete
Passivo	Passzív
Per Imparare	Tanulni
Punti	Pontok
Re	Király
Regina	Királynő
Regole	Szabályok
Sacrificio	Áldozat
Sfide	Kihívások
Strategia	Stratégia
Tempo	Idő
Torneo	Torna

Scienza
Tudomány

Atomo	Atom
Chimico	Kémiai
Clima	Éghajlat
Dati	Adat
Esperimento	Kísérlet
Evoluzione	Evolúció
Fatto	Tény
Fisica	Fizika
Fossile	Fosszilis
Gravità	Gravitáció
Ipotesi	Hipotézis
Laboratorio	Laboratórium
Metodo	Módszer
Molecole	Molekulák
Natura	Természet
Organismo	Szervezet
Osservazione	Megfigyelés
Particelle	Részecskék
Piante	Növények
Scienziato	Tudós

Spezie
Fűszerek

Aglio	Fokhagyma
Amaro	Keserű
Anice	Ánizs
Cannella	Fahéj
Cardamomo	Kardamom
Cipolla	Hagyma
Coriandolo	Koriander
Cumino	Kömény
Curcuma	Kurkuma
Curry	Curry
Dolce	Édes
Finocchio	Édeskömény
Liquirizia	Édesgyökér
Noce Moscata	Szerecsendió
Paprika	Paprika
Pepe	Bors
Sale	Só
Vaniglia	Vanília
Zafferano	Sáfrány
Zenzero	Gyömbér

Sport
Sport

Allenatore	Edző
Atleta	Atléta
Capacità	Képesség
Ciclismo	Kerékpározás
Corpo	Test
Danza	Tánc
Dieta	Diéta
Forza	Erő
Jogging	Kocogás
Massimizzare	Maximalizálás
Metabolico	Metabolikus
Muscoli	Izmok
Nuotare	Úszni
Nutrizione	Táplálkozás
Obiettivo	Cél
Ossa	Csontok
Programma	Program
Resistenza	Kitartás
Salute	Egészség
Sportivo	Sport

Strumenti Musicali
Hangszerek

Armonica	Harmonika
Arpa	Hárfa
Banjo	Bendzsó
Carillon	Harangjáték
Chitarra	Gitár
Clarinetto	Klarinét
Fagotto	Fagott
Flauto	Fuvola
Gong	Gong
Mandolino	Mandolin
Marimba	Marimba
Oboe	Oboa
Pianoforte	Zongora
Sassofono	Szaxofon
Tamburello	Csörgődob
Tamburo	Dob
Tromba	Trombita
Trombone	Harsona
Violino	Hegedű
Violoncello	Cselló

Tempo
Idő

Anno	Év
Annuale	Éves
Calendario	Naptár
Decennio	Évtized
Dopo	Után
Futuro	Jövő
Giorno	Nap
Ieri	Tegnap
Mattina	Reggel
Mese	Hónap
Mezzogiorno	Dél
Minuto	Perc
Momento	Pillanat
Notte	Éjszaka
Oggi	Ma
Ora	Óra
Presto	Hamar
Prima	Előtt
Secolo	Század
Settimana	Hét

Tipi di Capelli
Haj Típusok

Argento	Ezüst
Asciutto	Száraz
Bianco	Fehér
Biondo	Szőke
Breve	Rövid
Calvo	Kopasz
Colorato	Színes
Grigio	Szürke
Intrecciato	Fonott
Liscio	Sima
Lungo	Hosszú
Marrone	Barna
Morbido	Puha
Nero	Fekete
Riccio	Göndör
Riccioli	Fürtök
Sano	Egészséges
Sottile	Vékony
Spessore	Vastag
Trecce	Zsinór

Uccelli
Madarak

Airone	Gém
Anatra	Kacsa
Aquila	Sas
Cicogna	Gólya
Cigno	Hattyú
Cuculo	Kakukk
Falco	Sólyom
Fenicottero	Flamingó
Gabbiano	Sirály
Oca	Liba
Pappagallo	Papagáj
Passero	Veréb
Pavone	Páva
Pellicano	Pelikán
Piccione	Galamb
Pinguino	Pingvin
Pollo	Csirke
Struzzo	Strucc
Tucano	Tukán
Uovo	Tojás

Universo
Világegyetem

Asteroide	Aszteroida
Astronomia	Csillagászat
Astronomo	Csillagász
Atmosfera	Légkör
Buio	Sötétség
Celeste	Égi
Cielo	Ég
Cosmico	Kozmikus
Emisfero	Félteke
Galassia	Galaxis
Latitudine	Szélesség
Longitudine	Hosszúság
Luna	Hold
Orbita	Pálya
Orizzonte	Horizont
Solare	Nap
Solstizio	Napforduló
Telescopio	Távcső
Visibile	Látható
Zodiaco	Állatöv

Vacanze #2
Nyaralás #2

Aeroporto	Repülőtér
Campeggio	Kemping
Foto	Fotók
Hotel	Szálloda
Isola	Sziget
Mappa	Térkép
Mare	Tenger
Montagne	Hegyek
Passaporto	Útlevél
Ristorante	Étterem
Spiaggia	Strand
Straniero	Külföldi
Taxi	Taxi
Tempo Libero	Szabadidő
Tenda	Sátor
Trasporto	Szállítás
Treno	Vonat
Vacanza	Nyaralás
Viaggio	Utazás
Visto	Vízum

Veicoli
Járművek

Aereo	Repülőgép
Ambulanza	Mentőautó
Auto	Autó
Autobus	Busz
Barca	Hajó
Bicicletta	Kerékpár
Camion	Kamion
Caravan	Lakókocsi
Elicottero	Helikopter
Furgone	Furgon
Metropolitana	Metró
Motore	Motor
Pneumatici	Gumik
Razzo	Rakéta
Scooter	Robogó
Taxi	Taxi
Traghetto	Komp
Trattore	Traktor
Treno	Vonat
Zattera	Tutaj

Verdure
Zöldségfélék

Aglio	Fokhagyma
Broccolo	Brokkoli
Carciofo	Articsóka
Carota	Sárgarépa
Cetriolo	Uborka
Cipolla	Hagyma
Fungo	Gomba
Insalata	Saláta
Melanzana	Padlizsán
Patata	Burgonya
Pisello	Borsó
Pomodoro	Paradicsom
Prezzemolo	Petrezselyem
Rapa	Fehérrépa
Ravanello	Retek
Scalogno	Mogyoróhagyma
Sedano	Zeller
Spinaci	Spenót
Zenzero	Gyömbér
Zucca	Tök

Vestiti
Ruházat

Abito	Ruha
Braccialetto	Karkötő
Camicetta	Blúz
Camicia	Ing
Cappello	Kalap
Cappotto	Kabát
Cintura	Öv
Collana	Nyaklánc
Giacca	Dzseki
Gonna	Szoknya
Grembiule	Kötény
Guanti	Kesztyű
Jeans	Farmer
Maglione	Pulóver
Moda	Divat
Pantaloni	Nadrág
Pigiama	Pizsama
Sandali	Szandál
Scarpa	Cipő
Sciarpa	Sál

Congratulazioni

Ce l'hai fatta!

Speriamo che questo libro vi sia piaciuto tanto quanto a noi è piaciuto concepirlo. Ci sforziamo di creare libri della più alta qualità possibile.
Questa edizione è progettata per fornire un apprendimento intelligente, di qualità e divertente!

Le è piaciuto questo libro?

Una Semplice Richiesta

Questi libri esistono grazie alle recensioni che pubblicate.

Puoi aiutarci lasciando una recensione
ora a questo link ?

BestBooksActivity.com/Recensioni50

SFIDA FINALE!

Sfida n°1

Sei pronto per il tuo gioco gratuito? Li usiamo sempre, ma non sono così facili da trovare - ecco i **Sinonimi!**

Scrivi 5 parole che hai trovato nei puzzle (n° 21, n° 36, n° 76) e prova a trovare 2 sinonimi per ogni parola.

Scrivi 5 parole del **Puzzle 21**

Parole	Sinonimo 1	Sinonimo 2

Scrivi 5 parole del **Puzzle 36**

Parole	Sinonimo 1	Sinonimo 2

Scrivi 5 parole del **Puzzle 76**

Parole	Sinonimo 1	Sinonimo 2

Sfida n°2

Ora che ti sei riscaldato, scrivi 5 parole che hai trovato nei puzzle n° 9, n° 17 e n° 25 e cerca di trovare 2 contrari per ogni parola. Quanti ne puoi trovare in 20 minuti?

Scrivi 5 parole del **Puzzle 9**

Parole	Antonimo 1	Antonimo 2

Scrivi 5 parole del **Puzzle 17**

Parole	Antonimo 1	Antonimo 2

Scrivi 5 parole del **Puzzle 25**

Parole	Antonimo 1	Antonimo 2

Sfida n°3

Grande! Questa sfida non è niente per te!

Pronto per la sfida finale? Scegli 10 parole che hai scoperto nei diversi puzzle e scrivile qui sotto.

1.	6.
2.	7.
3.	8.
4.	9.
5.	10.

Ora scrivi un testo pensando a una persona, un animale o un luogo che ti piace.

Puoi usare l'ultima pagina di questo libro come bozza.

La tua composizione:

TACCUINO:

A PRESTO!

Tutta la Squadra